POLÍCIA FEDERAL

CB059427

POLÍCIA FEDERAL

Como a PF se transformou numa das instituições mais respeitadas do país e as disputas por seu controle

ANDERSON SANCHEZ

máquina de livros

Copyright © **Anderson Sanchez**

Direção editorial: **Bruno Thys** e **Luiz André Alzer**

Capa, projeto gráfico e diagramação: **André Hippertt** e **Mariana Erthal**
(**www.eehdesign.com**)

Revisão: **Luciana Barros**

Dados Internacionais de Catalogação na Publicação (CIP)
(eDOC BRASIL, Belo Horizonte/MG)

S211p Sanchez, Anderson.
   Polícia Federal: como a PF se transformou numa das instituições mais respeitadas do país e as disputas por seu controle / Anderson Sanchez. – Rio de Janeiro, RJ: Máquina de Livros, 2020.
   212 p. : 16 x 23 cm

   ISBN 978-65-86339-05-5

   1. Polícia Federal – Brasil. 2. Corrupção na política. 3. Lavagem de dinheiro. 4. Investigação criminal. I. Título.

CDD 364.1323

Grafia atualizada segundo o Acordo Ortográfico da Língua Portuguesa de 1990, em vigor no Brasil desde 2009

1ª edição, 2020

Todos os direitos reservados à **Editora Máquina de Livros LTDA**
Rua Francisco Serrador 90 / 902, Centro, Rio de Janeiro/RJ – CEP 20031-060
www.maquinadelivros.com.br
contato@maquinadelivros.com.br

Nenhuma parte dessa obra pode ser reproduzida, em qualquer meio físico ou eletrônico, sem a autorização da editora

*Às minhas parceiras Andréia e Ivone
e aos meus filhos, Rafael e Izabel,
minha razão de ser.*

SUMÁRIO

Prefácio 11

Parte 1 – Busca de Identidade
Atrocidades, criatividade investigativa e engajamento 15

Capítulo 1 **Central de horrores** 16
Capítulo 2 **Congo sofisticado** 22
Capítulo 3 **O xerife do Brasil** 30
Capítulo 4 **Força-tarefa** 34
Capítulo 5 **Investigação com tecnologia** 39
Capítulo 6 **Palavra de ministro** 42
Capítulo 7 **Leis do passado** 47
Capítulo 8 **Mecanismos de enfrentamento** 52
Capítulo 9 **Louco por dinheiro** 58
Capítulo 10 **O início da virada** 62
Capítulo 11 **Novo horizonte** 67
Capítulo 12 **Comunicação, o patinho feio** 73
Capítulo 13 **Recaída** 77

Parte 2 – Transformação
Gestão estratégica e independência investigativa 85

Capítulo 14 **Prioridade** 86
Capítulo 15 **O ovo da pata** 90
Capítulo 16 **Orçamento antes de tudo** 93
Capítulo 17 **Estrutura e inteligência** 96
Capítulo 18 **Nova geração** 99
Capítulo 19 **Capacitação e formação** 103
Capítulo 20 **Doa a quem doer** 107
Capítulo 21 **Corrupção em casa** 110

Capítulo 22 **Megaoperações**..114
Capítulo 23 **CSI brasileira**..120
Capítulo 24 **Roteiro de filme**..125

Parte 3 – Legado
Ciência policial e ameaças...131

Capítulo 25 **Tropa de elite**.. 132
Capítulo 26 **Segurança pública**.. 135
Capítulo 27 **Penitenciárias federais** 140
Capítulo 28 **Vitrine internacional** 143
Capítulo 29 **Diário secreto** 146
Capítulo 30 **Rede de intrigas** 151
Capítulo 31 **Fim do espetáculo**...157
Capítulo 32 **Novos rumos** 164
Capítulo 33 **Lava Jato** 169
Capítulo 34 **Poderosos na mira** 171
Capítulo 35 **Especialidade da casa**..175
Capítulo 36 **Esvaziamento**..178
Capítulo 37 **Disputas** 184
Capítulo 38 **Interferências** 188
Capítulo 39 **Soberania em jogo** 193
Capítulo 40 **Imagem irretocável** 195

Posfácio.. 200

Fatos que marcaram a transformação da Polícia Federal 204

Diretores-gerais desde a redemocratização até 2020 207

Agradecimentos 209

Referências 210

"Non minus cruore profunditor qui spectal, quam ille quit facit"

(Aquele que observa não é menos criminoso do que aquele que pratica o crime)

Lactâncio

PREFÁCIO

Aplausos, gritos e palavras de ordem. O entusiasmo do público tem sido a marca nos desfiles do pessoal da Polícia Federal na parada de Sete de Setembro. Pesquisas de opinião confirmam o prestígio da instituição. O reconhecimento se mantém a cada ano.

Ser policial federal também se tornou o sonho de centenas de milhares de jovens inscritos num dos concursos públicos mais disputados do país. Além dos bons salários, o status é um dos fatores de atração de candidatos qualificados. Contudo, nem sempre foi assim.

Só com o tempo a instituição passou a ser um dos símbolos da luta contra a corrupção. Políticos, empresários, juízes, procuradores e policiais são investigados, presos e condenados. As grandes operações se destacam no noticiário e produzem na opinião pública a rara sensação de enfrentamento à impunidade, num país em que a falcatrua encontrou terreno fértil ao longo da História. Para os otimistas, as cenas transmitidas habitualmente pela TV nas primeiras horas do dia, de grupos com a logomarca da Federal nas camisas, são a expressão mais tangível de mudanças no horizonte.

Até a carceragem se transformou em alvo da curiosidade da população. A principal delas, a da Superintendência de Curitiba. Políticos, empresários e policiais envolvidos em desvios de dinheiro do contribuinte foram presos em sedes da Polícia Federal e em outras cadeias espalhadas pelo país.

Meu primeiro contato com os gestores das mudanças na Polícia Federal se deu no curso de especialização do Instituto Universitário de Pesquisas do Estado do Rio de Janeiro (Iuperj), em 2009. Quarenta alunos foram aprovados para o MBA em gestão de organizações de segurança pública, da Escola de Políticas Públicas e Gestão. Uma das aulas foi sobre marketing institucional e o *case* da Polícia Federal, uma referência em gestão profissional no serviço público. Àquela época, a responsabilidade como assessor de imprensa nos sindicatos dos servidores do Sistema Penitenciário e do Departamento Geral de Ações Socioeducativas despertou em mim o interesse por ferramentas de planejamento estratégico para a evolução das instituições de segurança pública. Atualmente, integro a equipe da Coordenação de Estudos e Pesquisa da Secretaria de Administração Penitenciária do Rio de Janeiro e continuo pesquisando e produzindo textos com esse objetivo.

Conhecer as origens do *status quo* da Polícia Federal permite verificar a semelhança do diagnóstico da instituição – antes das mudanças – e dos demais órgãos voltados para a segurança nos dias de hoje. O protagonismo alcançado pela PF pode e deve servir como exemplo para novos modelos de sucesso na gestão pública.

Porém, enquanto a população aplaude a Polícia Federal, há políticos, representantes das instâncias superiores do Judiciário e até setores da imprensa que acusam a instituição de espetacularização em suas ações, em detrimento dos direitos individuais. A PF seria mais um produto de marketing do que uma agência policial de referência. A questão é: será que a publicidade sustentaria esta boa reputação de uma instituição pública por tanto tempo?

Ao longo da história, infelizmente a precariedade dos serviços públicos tem sido regra e não exceção. Saúde e educação são exemplos de ineficiência e descaso. A segurança, também. Há nichos de excelência, mas são pontuais e localizados, como o Batalhão de Operações Especiais (Bope) do Rio de Janeiro, referência no combate ao crime e proteção à população. Em geral, o panorama é de negligência e improviso.

No passado, a Polícia Federal fazia parte desse quadro de desalento: tinha prédios caindo aos pedaços, viaturas sem manutenção, armas inapropriadas, baixos salários, falta de pessoal e outras mazelas comuns ao serviço público. Às vezes, resultados positivos em investigações complexas eram minimizados por crises institucionais provocadas por corrupção, incluindo até mesmo o assassinato de um delegado que investigava outra autoridade policial. Notícias de tortura e morte nas carceragens da PF eram frequentes.

O relato dos fatos ocorridos nas últimas décadas, e especialmente a partir da virada do século, ajuda a conhecer com um grau de profundidade maior os passos dados ao longo dos anos para que a Federal se tornasse uma instituição respeitada no país e entender se é possível outros órgãos públicos trilharem trajetória semelhante.

Anderson Sanchez
Novembro de 2020

PARTE 1

BUSCA DA IDENTIDADE
Atrocidades, criatividade
investigativa e engajamento

CAPÍTULO 1
Central de horrores

Uma ação contra o mercado paralelo do dólar no Rio de Janeiro, em São Paulo e em Brasília foi deflagrada pela Polícia Federal em 1983. Naquela segunda-feira 4 de julho, Dia da Independência dos Estados Unidos, a capa do "Jornal do Brasil" estampava a imagem do então superintendente regional da Federal de São Paulo, Romeu Tuma, anunciando o combate a práticas ilegais, que incluíam "crime organizado, tráfico de tóxicos e transferência de valores para o exterior".

As atenções na segurança pública também estavam voltadas para a Ilha Grande. As 105 praias do arquipélago no Sul Fluminense foram ocupadas pela polícia. Cavalos, cães, lanchas e um helicóptero caçavam 17 fugitivos que escaparam por um túnel do Instituto Penal Cândido Mendes. Os moradores da ilha estavam em pânico. Virgínia Albuquerque, mulher de um pescador, desabafou: "Ficar aqui, jamais. Vou embora".

No Rio, por sua vez, a Polícia Federal desencadeava outra ação para prender traficantes. Um deles foi detido na Tijuca, com seis papelotes de cocaína; outro em Rocha Miranda, com 28 trouxinhas de maconha; e um terceiro, chamado Horokosky Barrozo, no Rio Comprido, com um quilo de maconha. Ele entregou os nomes dos fornecedores: eram moradores do apartamento 506 do bloco 1 no número 50 da Avenida Ataulfo de Paiva, no Leblon, bairro de classe média alta.

Às 18h30, policiais federais invadiram o apartamento. Os tais fornecedores eram o turista francês Jean Charles Gandilhon e sua mulher, a psicóloga Lara Loffler Gandilhon. Eles estavam com um casal de amigos. No apartamento, havia dois quilos de maconha e US$ 250 (cerca de R$ 2.700 em valores de 2020, corrigido pelo Índice de Preços ao Consumidor Amplo, o IPCA). As informações foram publicadas na "Última Hora", quatro dias depois. À época, o jornal já não pertencia mais a Samuel Wainer; concorria na linha dos periódicos populares, mais apelativos. A reportagem era uma mera reprodução da nota divulgada pela Polícia Federal.

Na Superintendência da PF, na Praça Mauá, no Centro, Lara Loffler foi levada a uma sala com armários de ferro encostados na parede e colchões espalhados pelo chão. No depoimento, ela justificou ser "dependente de tóxicos" e ainda revelou o nome do traficante que lhe vendera a droga.

Insatisfeito com a resposta, o delegado Mário de Vasconcelos Corrêa xingou Lara e acertou um soco em sua boca, fazendo o sangue escorrer. Ele a obrigou a tirar a roupa. Lara reagiu e outro policial a jogou no chão. Depois de desferir mais socos e chutes, o delegado disse aos seis policiais que o acompanhavam: "Podem fazer com ela o que quiserem. Agora, é com vocês".

A sala tinha algo parecido com uma bateria de carro, um bastão de borracha tipo pneumático, uma bola amarela dentro de uma rede e uma caixa grande, onde estava Isabel, uma jiboia usada para aterrorizar os interrogados. Os policiais a golpearam com o bastão de borracha, desferiram mais socos e pontapés, e enfiaram os dedos em sua vagina. Lara desmaiou.

Quando acordou, ela estava sentada com pernas e pulsos amarrados a uma cadeira de ferro. Os dedos das mãos e dos pés haviam sido enrolados com fios elétricos e iniciou-se uma série de choques. A tortura começou às 19h e só terminou às 3h15 da madrugada. O escrivão datilografou o depoimento de Lara, ditado pelo delegado, que a obrigou a assiná-lo sem ler.

Os acontecimentos foram narrados pelo jornalista e presidente da Associação Brasileira de Imprensa, Barbosa Lima Sobrinho, que também integrava a Comissão de Direitos Humanos da OAB e era membro da Academia Brasileira de Letras. Lara Loffler fez um minucioso relato a ele, no Manicômio Judiciário Heitor Carrilho, na Rua Frei Caneca, no Centro do Rio, 18 dias após as torturas nas dependências da Polícia Federal.

Ficavam na unidade os condenados ou acusados com problemas mentais, incluindo "dependência tóxica". Lara Loffler aguardava o laudo do exame de dependência química, feito no próprio manicômio. O resultado indicou que ela era "dependente de tóxicos" desde os 16 anos. Lara foi condenada pelo juiz Flávio Nunes Magalhães, da 5ª Vara Criminal, a oito anos de reclusão e transferida para a Penitenciária Talavera Bruce, em Bangu. Após recursos da defesa, desembargadores da 1ª Câmara Criminal do Tribunal de Justiça a absolveram do crime de formação de quadrilha e reduziram de oito para três anos a pena por tráfico.

O caso de Lara, à época com 26 anos, foi emblemático por denunciar a continuidade da tortura no período de abertura política. A Ordem dos Advogados do Brasil decidiu tornar público o fato. Cópias do relato feito por Barbosa Lima Sobrinho foram enviadas ao então presidente, João Batista Figueiredo, e ao ministro da Justiça, Ibrahim Abi-Ackel. O advogado Luís Carlos Valle Nogueira, da Comissão de Direitos Humanos da OAB, declarou que o depoimento era "um marco histórico, nessa hora em que se fala de liberdade, de abertura política. Hoje, está claro que a nação não pode mais confiar em uma estrutura policial corrompida".

O caso teria sido ocultado do superintendente da Polícia Federal no Rio, comandante da Marinha Edilberto Braga, por seus subordinados. No regime militar, a PF foi uma espécie de feudo das Forças Armadas, mais especificamente do Cenimar (Centro de Informações da Marinha), que dispunha de um dos melhores serviços de inteligência do governo. Tão logo o episódio veio a público, em 26 de agosto de 1983, o assessor de comunicação da PF, delegado Hélio Mazzeo, teve apenas duas horas para coletar informações e produzir uma nota oficial em que narrava como fora feita a prisão e apontava Lara Loffler como traficante e dependente. Segundo a nota, a denúncia de Lara era "uma tentativa de desmoralizar o Departamento de Polícia Federal, através da Delegacia de Repressão a Entorpecentes".

Duas semanas depois, em 10 de setembro de 1983, a Federal voltaria ao noticiário por motivos semelhantes. O fotógrafo Almir Saião trabalhava como apontador do jogo do bicho no Centro do Rio, e PMs costumavam passar no ponto para pegar a "PP" (propina policial). Naquele dia, eles mandaram um informante recolher o dinheiro, mas Almir se recusou a entregar o valor, alegando que o rapaz não era policial.

Furioso, o informante disse à Federal que Almir era traficante. Seis policiais foram à esquina das ruas Assembleia e Rodrigo Silva e, sem se identificar, encapuzaram Almir e o jogaram numa Veraneio, utilitário usado pela polícia. Na Delegacia de Repressão a Entorpecentes (DRE), na Superintendência da PF, Almir Saião ficou em uma sala com duas portas e duas mesas, algemado e pendurado num pau de arara (uma barra de ferro atravessada entre duas mesas). A cobra Isabel foi colocada sobre seu corpo. Os agentes davam choques na jiboia, que se contorcia e comprimia braços e pernas do preso.

Ao ser liberado, Almir procurou o juiz Álvaro Mayrink da Costa, da 7ª Vara Criminal, e denunciou a tortura. Ele disse também que fora roubado nas dependências da Federal: sumiram um anel de ouro com as iniciais A.S., um relógio Seiko, um cordão de ouro, um rádio e Cr$ 120 mil (cerca de R$ 2 mil em valores de 2020). O delegado Mário de Vasconcelos Corrêa – o mesmo que acertou um soco em Lara Loffler – foi afastado, após pedido da procuradoria da República. Contudo, o inquérito contra o delegado e os policiais não deu em nada.

Quase um ano depois da prisão de Lara, em 7 de maio de 1984, Jorge de Sousa, suspeito de falsificação de documentos para sacar dinheiro do PIS, seria intimado a depor na Polícia Federal. Ele estava acompanhado do advogado Nélio Soares de Andrade, que, apesar das prerrogativas, fora impedido pelo delegado Mário Cassiano Ricardo de assistir ao depoimento. O delegado, acompanhado pelo policial Rogério Said, disse que teria uma "entrevista reservada" com Jorge.

O advogado forçou a porta para entrar e recebeu um soco no peito, desferido pelo delegado. O policial Said deu uma chave de braço e fraturou o polegar da mão direita de Nélio, que denunciou não só a agressão como a existência de uma "sala de tortura" na sede da Polícia Federal do Rio.

Meses depois, o advogado Wilson Mirza, representante do delegado

Cassiano Ricardo, propôs ao juiz Eduardo Mayr, da 33ª Vara Criminal, uma diligência na sede da PF. Sua intenção era desqualificar a acusação de agressão. O magistrado concordou e às 17h15 do dia 29 de janeiro de 1985 chegou à Superintendência. Percorreu as dependências do prédio por uma hora e 15 minutos.

Em uma das salas, encontrou uma barra de ferro de dois metros embrulhada no jornal chileno "El Mercúrio", três meias e um pedaço de pau com um arame na ponta. A barra era usada como suporte do pau de arara e as meias, para amarrar pés e mãos dos presos, sem deixar marcas; o pedaço de pau com arame servia para dar choques elétricos e conduzir a jiboia. O juiz arrancou um pedaço do piso manchado de vermelho, supondo tratar-se de sangue, e o enviou ao Instituto de Criminalística. Também encontrou áreas gradeadas próximas a duas salas com revestimento à prova de som.

A imprensa não teve acesso à visita e, na saída, agentes tentaram impedir jornalistas de fotografar o material recolhido pelo magistrado, sob a alegação de se tratar de "área de segurança nacional". Alguns policiais partiram para cima dos repórteres, mas foram contidos por um delegado. Um deles, mais exaltado, deu vários empurrões no fotógrafo Chiquito Chaves, do "Jornal do Brasil". Um superior o segurou: "Você está maluco?! Fazer isso na frente de um juiz? Entre! Estou mandando!".

Depois da confusão, a Polícia Federal divulgou uma nota condenando "qualquer atitude policial que ofenda a incolumidade física de presos confiados à guarda de seus delegados e agentes". A direção-geral da PF exigia "respeito aos direitos humanos e comedimento na atuação policial, de forma a não permitir abusos e excessos, bem como a inadmissão de métodos violentos durante as inquisições, para que a verdade dos fatos fosse buscada sem desrespeito à dignidade humana".

Um relatório com 40 páginas produzido voluntariamente por Elmar Alves e Silva, um ex-delegado da Federal exonerado na mesma época, também chamava a atenção para práticas de tortura nas dependências da PF. Ele denunciava que, após o fim da apuração das denúncias da psicóloga Lara Loffler, as "agressões cometidas foram reiniciadas com ofensiva maior, motivadas pela certeza de impunidade". O relatório apresentava nomes e fatos.

As práticas ilegais, segundo a denúncia do ex-delegado, incluíam apropriação de mercadorias apreendidas em flagrantes de contrabando; passar notas falsas de Cr$ 1 mil em um restaurante próximo à Superintendência; receber propinas de advogados e de gente envolvida em fraudes contra a Previdência Social; desaparecer com marcos e dólares de uma alemã presa; sumir com dólares de uma holandesa; e ameaçar e extorquir o proprietário de uma boate em Copacabana.

O documento apontava ainda o agente Gérson Tadeu Dias Barcelos como dono da jiboia. Também foi citado o delegado Raul Ketter, que teria se omitido diante de arbitrariedades cometidas pelo delegado Mário de Vasconcelos Corrêa, acusado de embolsar parte da verba doada pela DEA (Drug Enforcement Administration, a agência de combate às drogas dos Estados Unidos) e de ser o dono da máquina de choques elétricos.

Segundo o relatório, o delegado José Geraldo, chefe do gabinete do então diretor-geral da PF, também "omitiu-se quando não consignou acusações da boliviana Cuelto Melgar de que fora espancada pelo delegado *(Mário de Vasconcelos)* Corrêa e tinha conhecimento da existência das salas de tortura, da cobra e das violências praticadas". Era citado ainda o delegado Edgard Fuques, que "alterou todos os locais onde se perpetraram as torturas contra a psicóloga Lara Loffler Gandilhon".

Apesar do arquivamento do inquérito de Lara, o procurador-geral Antônio Carlos Biscaia designou para o caso o promotor Elio Fischberg, da Consultoria de Direitos Humanos. Foram três meses de investigação. O juiz Eduardo Mayr proferiu uma sentença incomum até então, já que, naquela época, tortura não era crime: após 15 horas de julgamento, o delegado Mário de Vasconcelos Menezes Corrêa e o agente Gérson Tadeu Dias Barcellos foram condenados a seis meses de detenção. A pena do delegado foi transformada em prestação de serviços e a do agente, em multa de Cr$ 2,4 milhões (R$ 6.200 em valores de 2020). No fim do julgamento, Mário de Vasconcelos agrediu com um soco o fotógrafo André Durão, do "Jornal do Brasil".

CAPÍTULO 2
Congo sofisticado

A Polícia Federal nunca foi prioridade de governo; sempre funcionou de forma precária, dependente e sem gestão efetiva. O improviso administrativo e os limites de atuação, circunscrita às fronteiras do Rio, então Distrito Federal, faziam parte da história da PF.

A instituição nasceu, oficialmente, em 28 de março de 1944, no governo Getúlio Vargas, com a transformação da Polícia Civil do Distrito Federal em Departamento Federal de Segurança Pública (DFSP). Entre suas atribuições estavam as de serviço de polícia e segurança pública no Rio, e de polícia marítima, aérea e de fronteiras em todo o país.

Na prática, o DFSP não era Polícia Federal nem Segurança Pública. Segundo o tenente-coronel Amerino Raposo Filho – um dos mentores da reformulação administrativa da instituição nos anos 60 –, mesmo o controle das fronteiras era mera ficção. Em 2016, aos 94 anos, Raposo compilou a documentação produzida naquele período e as reuniu no livro digital "Polícia Federal do Brasil: 50 anos de história" (Editora Aline Berriel). Segundo ele, a prioridade era o combate à subversão e aos opositores do governo. O DFSP fazia "um pouco de censura e mergulhava-se errada e perigosamente no campo da ordem política e social".

O anteprojeto de lei criando uma polícia nos moldes de outros países como Inglaterra, Canadá e Estados Unidos começou a tramitar no Congresso Nacional no início da década de 1960. Após o golpe de 1º de abril de 1964, a Lei nº 4.483 ampliaria as atribuições da Polícia Federal para todo o território nacional. Promulgada em 16 de novembro, a lei fez com que esta data passasse a ser celebrada como o Dia do Policial Federal.

O DFSP se tornaria Departamento de Polícia Federal em 25 de fevereiro de 1967, com a publicação do Decreto-Lei nº 200. No mesmo ano, o Decreto-Lei nº 314 instituiu a Lei de Segurança Nacional. Historicamente, o papel de uma polícia de governo era o de reprimir opositores ao regime, classificados como subversivos, e impor a censura. Paralelamente, também cumpria o papel de polícia administrativa no controle da entrada e saída de estrangeiros e na emissão de passaportes.

O primeiro concurso público ocorreu em 1968, para motoristas. Antes disso, as vagas eram preenchidas por meio da requisição de servidores a outros órgãos. Em 1969 houve prova para o cargo de inspetor (posteriormente transformado em delegado) e em 1972 foi realizado concurso para agentes.

* * *

O paraibano Getúlio Bezerra foi um dos aprovados no concurso de 1972. Nascido em 1º de dezembro de 1945, ainda criança se mudou para Pernambuco com a mãe, uma fiscal de rendas. "O primeiro time a gente nunca esquece", brinca, ao contar que é torcedor do Sport Club do Recife, muito antes de ser botafoguense no Rio e santista em São Paulo.

Bezerra foi oficial temporário do Exército por cinco anos, até fazer o concurso para agente da Polícia Federal. A turma de 1972, batizada de Sangue Novo, tornou-se uma lenda no "departamento", forma como seus integrantes se referem à instituição até hoje.

Sua primeira função foi na Superintendência do Amazonas. Enquanto trabalhava como agente, Getúlio Bezerra continuou os estudos, formou-se em direito em 1977, na Universidade Federal do Amazonas, e fez concurso para delegado um ano depois. No início dos anos 1980, assumiu a Delegacia de Repressão a Entorpecentes do Amazonas.

Bezerra teve logo a atenção despertada para um hábito muito disseminado entre os índios da região: mascar folhas de epadu antes de longas caminhadas e vigílias. Havia a crença de que a planta teria fortes efeitos estimulantes. A espécie foi enviada para o laboratório da Federal em Brasília e comprovou-se que não havia nada de crendice: tratava-se de uma das 250 variedades da coca. Bezerra, então, produziu o Dossiê Epadu, que serviria como base para uma série de ações contra o seu plantio na região.

De Manaus, o delegado foi transferido para Tabatinga, no interior do Amazonas, onde combateu quadrilhas de traficantes. Uma reportagem do lendário jornalista Octávio Ribeiro, o Pena Branca, na revista "IstoÉ", revelou que o chefe de um dos bandos da região queria matar o delegado. Por conta disso, Bezerra foi transferido para Belo Horizonte, onde assumiu a Delegacia de Repressão a Entorpecentes, em 1981.

Ele voltaria ao Amazonas para coordenar uma "base de inteligência", escritório que reúne policiais envolvidos numa determinada investigação e centraliza tarefas de escuta e monitoramento. A partir de 1983, com a ajuda da DEA, departamento de narcóticos americano, e da Fundação Nacional do Índio (Funai), Bezerra comandou operações de erradicação da folha de coca. Numa delas, a Operação Frederico, foram mobilizados barcos e aviões da Funai e cerca de 80 policiais. Até julho de 1985, mais de nove milhões de pés de epadu foram queimados nas fronteiras do Brasil com o Peru e a Colômbia.

– Conseguimos dar uma freada nisso. Eles já usavam os produtos químicos para fazer a pasta no país. Foi algo marcante na época, porque não se tinha notícia de haver coca no Brasil – lembra Getúlio Bezerra.

À mesma época, outra operação entrou para a história. A investigação comandada pelo delegado Pedro Luiz Berwanger com equipe exclusiva, recursos próprios e escritório como base de inteligência procurava pelo mafioso Tommaso Buscetta. Ele fora preso no Brasil em 2 de novembro de 1972, pela equipe do delegado do Departamento de Ordem Política e Social (Dops) Sérgio Fleury, sob o comando do delegado Roberto Precioso Jr.: o mafioso estava em Itapema, Santa Catarina. Extraditado, foi condenado a dez anos de prisão na Itália. Após cumprir oito, fugiu. Voltou ao Brasil em janeiro de 1981. Precioso também compunha a equipe de Berwanger e prendeu Buscetta em São Paulo, em 23 de outubro de 1983, pela segunda vez.

Muitos jornalistas torciam a língua para falar o sobrenome do mafioso – a pronúncia correta é "buchêta". Também chamado de "o chefe de dois mundos", por comandar o crime organizado na América do Norte e na Europa, fora extraditado de novo, mas dessa vez decidira revelar os segredos da máfia à justiça italiana. Buscetta se tornou o primeiro mafioso a colaborar com o juiz Giovanni Falcone, paradigma mundial na luta contra o crime organizado.

Nesta época não existia delação premiada na Itália – o projeto de lei é de 1989, sancionado em 1991. O motivo que o levou a revelar o funcionamento da Cosa Nostra fora o assassinato de seus dois filhos. Até então, a máfia não matava inocentes para se vingar de rivais. A quebra dessa regra fez Buscetta abandonar a *omertà*, o voto de silêncio dos mafiosos. Segundo ele, a máfia à qual aderiu não existia mais. O julgamento italiano se tornou um espetáculo midiático: teve 475 réus entre 1985 e 1987, 19 condenações à prisão perpétua e sentenças que chegaram a 2.665 anos de reclusão.

Em 23 de maio de 1992, o juiz Giovanni Falcone foi assassinado com a esposa em Palermo. O carro em que estavam explodiu. Três policiais da escolta também morreram. Dos políticos delatados por Buscetta, o mais importante deles, Giulio Andreotti, fora sete vezes primeiro-ministro da Itália. As ligações com a máfia se comprovaram, mas os crimes prescreveram. Buscetta morreu de câncer no Estados Unidos em 2 de abril de 2000, aos 72 anos.

* * *

No Brasil, porém, o que marcava a atividade da Polícia Federal até então era a grande quantidade de inquéritos e um reduzido número de policiais. Os resultados ficavam muito aquém do satisfatório.

Entre 1982 e 1983, dois delegados implantaram por conta própria uma nova forma de organizar as investigações. Paulo Lacerda chefiava a

Delegacia Fazendária no Rio. A equipe reunia 20 delegados. Sua primeira providência foi separar os inquéritos pelo tipo de delito. Ele montou setores para cuidar dos crimes contra a Previdência, os financeiros e os tributários; e de crimes diversos, que agrupavam os que não se enquadravam em nenhuma outra modalidade. Iniciativa semelhante foi posta em prática na Fazendária de São Paulo, na mesma época, pelo delegado Mário Cassiano Dutra.

Não havia tantos crimes financeiros e fiscais, porém sua relevância para a credibilidade do país era imensa. Em paralelo, a área da Previdência Social tinha uma enormidade de inquéritos de menor importância. Esse setor também foi subdividido em grupos, entre os quais o de fraudes em aposentadoria e pensões, em auxílio-doença e em acidentes de trabalho. Os crimes previdenciários se revelavam uma mina de ouro para as quadrilhas.

Troca de informações ou banco de dados eram miríades; os controles se faziam manualmente. Ao separar os inquéritos e promover a dedicação exclusiva de um delegado, foi possível constatar, por exemplo, a participação de uma mesma quadrilha em vários crimes, mas que eram investigados separadamente por diferentes delegados. A hierarquização dos inquéritos por critério de importância e a especialização dos investigadores permitiram a conclusão dos trabalhos em menos tempo.

Outra contribuição para a redução do tempo de investigação foi o investimento em inteligência policial. Os intercâmbios possibilitaram o aprimoramento de policiais brasileiros e a adaptação das técnicas de investigação à realidade local. O surgimento das bases, chamadas de escritórios por conta do modelo dos *offices* americanos, é um bom exemplo da cooperação com outros países.

Com os Estados Unidos, a troca de experiências vem desde o século passado. Houve intensa cooperação no combate ao comunismo. A Era Kennedy (1960-1963) também treinou policiais para diminuir a violência urbana. Baseados em uma tese do professor Walt W. Rostow, do MIT (Massachusetts Institute of Technology), os Estados Unidos pregavam que o crescimento econômico estava atrelado à segurança pública. Rostow dizia que o Brasil era um "Congo sofisticado" e precisava de uma limpeza.

A OPS (Office Public Safety) foi organizada em agosto de 1962 para treinar policiais de países aliados aos norte-americanos. Sete anos depois, seus integrantes participaram do 1º Seminário de Segurança Interna, em Brasília. A famigerada Operação Bandeirante, a Oban, foi criada após a realização desse seminário. Financiada por grandes empresários brasileiros, a Oban reunia em São Paulo integrantes das Forças Armadas e do setor de segurança pública, entre eles da Polícia Federal, para combater grupos armados e organizações de oposição ao regime. O objetivo era investigar e prender militantes de esquerda classificados como "subversivos". Esta operação se valia de tortura e morte como métodos e é uma das páginas negras do período da repressão.

Para a pesquisadora Martha K. Huggins, autora do livro "Polícia e política – Relações Estados Unidos / América Latina" (Cortez Editora, 1998), era mais viável, do ponto de vista econômico, capacitar um policial do que formar um soldado. Em entrevista à "Folha de S. Paulo" em 1998, ela reiterou ser mais eficaz investir em segurança pública do que ocupar um país militarmente.

* * *

O delegado Getúlio Bezerra participou de intercâmbios na Alemanha, nos Estados Unidos, na França e na Inglaterra. Em 1988, ele voltou à Academia Nacional de Polícia para fazer o Curso Superior de Polícia e, com isso, alcançar o nível mais elevado da carreira. Sua monografia teve o título "Combate ao crime organizado – Nova dimensão operacional".

– Eu coloquei as minhas angústias um pouquinho pra fora. Mas não tenho nem uma cópia disso. Na época, era tudo datilografado – lamenta.

Naquele mesmo ano de 1988, foi feita a primeira grande operação centrada em inteligência. Abrigados na Vila Militar, em Deodoro, Zona Norte do Rio, policiais militares, civis e 300 federais estavam sob o comando do delegado federal Cláudio Barrouin. Os convocados para a operação tiveram suas fichas checadas. Seis meses de investigação resultaram na montagem de um mosaico da compra e da distribuição de drogas nas principais favelas cariocas. A Federal acompanhou a entrega de carregamentos de drogas e, após levantar informações por meio de escuta telefônica, vigilância e fotos, deflagrou no dia 10 de fevereiro a Operação Mosaico.

    O esquema comandado por Antônio José Nicolau, o Toninho Turco, era bem estruturado, a ponto de ser o único traficante brasileiro a comprar fiado do Cartel de Medellín, de Pablo Escobar: recebia a cocaína em consignação. Estimativas apontam que 60% da droga vendida no Rio eram de Turco. Seu leque de negócios incluía ouro, pedras preciosas, contrabando, venda de armas e roubo de carros. Turco tinha também um braço na política – seu filho José Antônio Vieira Nicolau fora eleito em 1986 para a Assembleia Legislativa do Rio – e um esquema regular de corrupção de policiais, como revelou o jornalista Carlos Amorim no livro "CV-PCC: A irmandade do crime" (Editora Record, 2003). Na operação, Turco foi encontrado em sua mansão, na Rua Belize, em Marechal Hermes, Zona Norte do Rio. Acabou morto por quatro tiros de metralhadora disparados pelos federais.

* * *

    Getúlio Bezerra enfatiza que até os anos 80 se gastava muita energia com a prisão de pequenos traficantes, que não levava a nada. A estratégia da polícia em prender a "raia miúda" era alvo de uma de suas mais recorrentes críticas. Segundo ele, a meta da polícia é o desmantelamento do crime e isso só se torna possível quando o "cabeça" da organização é tirado de circulação e o dinheiro e os bens são apreendidos. Para Bezerra, a polícia deve focar nas organizações com maior potencial ofensivo e focar na movimentação financeira e no rastreamento da lavagem de dinheiro.

    – Ser seletivo é saber que não se pode fazer tudo. É preciso focar em determinados alvos para buscar o melhor possível. Você tem as suas capacidades e estabelece as prioridades – explica.

O delegado acompanhou todas as mudanças da estratégia de combate ao crime na história recente da Federal. Da repressão à subversão, do contrabando nos anos 1960 até a guerra às drogas nas décadas seguintes. Sua experiência seria essencial também nas operações contra crimes financeiros, que ganhariam protagonismo a partir dos primeiros anos do século 21.

Se a Polícia Federal não era prioridade de governo até o fim dos anos 90, a corporação começou a se impor ao estabelecer novas formas de atuação, entre elas a hierarquização dos inquéritos, a especialização e dedicação exclusiva de investigadores, e o trabalho de Inteligência. Um novo modelo de investigação começava a tomar forma.

CAPÍTULO 3
O xerife do Brasil

A transição do regime militar para o democrático teve forte impacto na área da segurança e, em particular, na Polícia Federal. Pela primeira vez, desde a sua criação, em 1967, não haveria um militar no comando da instituição. A nomeação de um civil para o cargo, porém, não ocorreria sem polêmica.

Tancredo Neves, presidente eleito por voto indireto, havia indicado Luiz de Alencar Araripe, tenente-coronel do Exército, para comandar a Polícia Federal. Após a morte de Tancredo, ele foi empossado por José Sarney, mas a Arquidiocese de São Paulo denunciou três nomes relacionados por Araripe para comandar superintendências estaduais, por constarem em listas de torturadores. Um deles era o delegado João Batista Xavier, indicado para a PF do Ceará. Diante da pressão da Igreja, o ministro da Justiça, Fernando Lira, desautorizou a nomeação. Araripe não gostou e pediu demissão, ainda em janeiro de 1986, menos de um mês após assumir em definitivo o cargo – ele estava como interino desde março do ano anterior.

Para o lugar de Araripe, Sarney escolheu Romeu Tuma, um católico fervoroso, devoto de São Judas Tadeu, mestre de noviços na juventude. Nascido em 4 de outubro de 1931 em São Paulo, ele fez concurso público para investigador com apenas 20 anos e entrou para a Polícia Civil. Em 1967, disputou uma vaga de delegado e foi designado para o Dops, como assessor de Sérgio Fleury, delegado acusado de tortura e de comandar grupos de extermínio. A função de Tuma era combater organizações políticas clandestinas e reprimir movimentos grevistas.

Por conta desse currículo, sua indicação para a direção-geral da Polícia Federal foi avaliada pelos opositores do antigo regime como uma dissimulação: Tuma seria o primeiro não militar a dirigir a instituição, mas com um perfil que agradava aos militares. Ele também não era unanimidade nas Forças Armadas. Setores mais radicais viam com reserva sua ação contra grupos clandestinos, já que optava por técnicas de investigação sem tortura.

Tuma tinha boa visibilidade na mídia. Como delegado em São Paulo, ganhou fama internacional em 1978 ao prender em Atibaia, cidade a 50 quilômetros da capital paulista, Gustav Franz Wagner, o carrasco nazista responsável pelo extermínio de milhares de judeus nos campos de concentração de Treblinka e Sobibor, na Polônia, durante a Segunda Guerra. A operação contou com o apoio do serviço secreto israelense.

No início dos anos 80, Romeu Tuma desvendou sequestros de herdeiros de grandes fortunas. Um deles foi o de Miguel Mofarrej Neto, filho de Nassif Mofarrej, que além de atividades empresariais também participava da direção de associações comunitárias de grande prestígio na capital paulista, entre elas a do Clube Monte Líbano e a do Hospital Sírio-Libanês.

No combate ao crime de colarinho branco, Tuma acompanhou de perto o primeiro grande escândalo financeiro do país, em 1981: José Mario Tieppo captava recursos de investidores importantes para aplicar no mercado internacional. Dezenas foram lesados e o total do prejuízo chegou a US$ 60 milhões. Tuma era diretor do Dops, que comandou a investigação.

Condenado por apropriação indébita e formação de quadrilha, Tieppo ficou foragido – foi capturado e preso por apenas 13 dias. Segundo reportagem da revista "Veja", nomes de sete doleiros constavam da lista dos maiores devedores da União divulgada pelo Ministério da Fazenda em outubro de 2015, entre eles Tieppo e Alberto Youssef, doleiro investigado pela Operação Lava Jato. Tieppo morreu em 2012.

Outro caso rumoroso foi o do grupo Brasilinvest, um misto de agência de negócios e instituição financeira fundada pelo empresário Mário Bernardo Garneiro, em 1975. Dez anos depois, a Federal o indiciou por estelionato, formação de quadrilha e operações fraudulentas no mercado financeiro. Mais da metade dos empréstimos contraídos pelo grupo foi feita por empresas "fantasmas".

O valor com as fraudes ficou em cerca de US$ 95 milhões (R$ 1,3 bilhão em valores de 2020). O Brasilinvest teve a falência decretada em setembro de 1986 e o empresário foi condenado a cinco anos de prisão. O Supremo Tribunal Federal anulou o processo contra Garnero em 1999. O empresário alegou que a competência da denúncia caberia ao Ministério Público Estadual e não ao MPF. O ministro Marco Aurélio de Mello acatou o pedido.

Os casos Tieppo e Brasilinvest contribuíram para a promulgação da lei que define os crimes contra o sistema financeiro, em junho de 1986, a Lei do Colarinho Branco, tradução do inglês *white-collar crime*, termo usado pelo criminologista Edwin Sutherland para identificar fraudes praticadas por funcionários graduados.

* * *

No período de redemocratização, o governo Sarney foi desastroso na gestão da economia. A época foi marcada por uma sucessão de planos, congelamento de preços, disparada do dólar e inflação galopante. Havia, no entanto, esperança de que a situação melhorasse com a primeira eleição direta para presidente. Fernando Collor de Mello chegou ao Planalto propagando a "caça aos marajás", servidores com altos salários e pouca produtividade.

Antes de saber que seria mantido no cargo de diretor-geral da Polícia Federal pelo presidente eleito, Romeu Tuma planejou e divulgou a Operação Ianomâmi, em Roraima, para expulsar 45 mil garimpeiros que extraíam ouro em terras indígenas. A operação havia sido autorizada e divulgada por José Sarney um mês antes, em 6 de dezembro. Até a véspera das ações, marcadas para 7 de janeiro de 1990, ninguém fora informado dos detalhes.

O governador de Roraima, Romero Jucá Filho, convocou a imprensa e disse que a operação seria um desastre. O "Jornal do Brasil" registrou em 8 de janeiro: "A população da capital Roraima, acostumada apenas ao movimento de garimpeiros nos hotéis, restaurantes e lojas da cidade, assiste perplexa ao circo montado em torno da operação". Quando Romeu Tuma chegou à capital Boa Vista, em 9 de janeiro, mais de dez mil pessoas o esperavam no aeroporto com aplausos. Nenhum tiro foi disparado. A saída dos garimpeiros foi negociada.

A capacidade de centralizar informações sobre casos de grande repercussão mantinha Tuma em evidência na mídia. Uma de suas proezas foi ter indiciado seu antigo chefe, o ex-ministro da Justiça Abi-Ackel, por suspeita de participação no contrabando de pedras preciosas. Com o vasto currículo e a exposição constante nos meios de comunicação, Romeu Tuma ganhou o apelido de "Xerife do Brasil".

O mandato de Collor só começaria em 15 de março, mas o ministro indicado para a pasta da Justiça, Bernardo Cabral, confirmou o nome de Tuma em 16 de janeiro. Ele obteve, assim, ainda mais poder e prestígio. Nos primeiros dias de governo, o presidente criou a Secretaria de Polícia Federal, no Ministério da Justiça, para administrar dois departamentos: o de Polícia Federal e o de Assuntos de Segurança Pública. Tuma passou a acumular o cargo de secretário de Polícia Federal com o de secretário da Receita Federal, o que lhe valeu o apelido de supersecretário. Com isso, Collor pretendia mostrar à opinião pública que trataria sonegação de impostos com rigor, como caso de polícia.

Dois anos depois, Collor seria acusado de corrupção. A reportagem "Pedro Collor conta tudo", do jornalista Luís Costa Pinto, publicada na edição de 27 de maio de 1992 da revista "Veja", chegou às mãos do supersecretário no sábado, véspera da distribuição nas bancas e para os assinantes. Tuma viu indícios de crime, enviou a matéria por fax ao então ministro da Justiça, Célio Borja, e recebeu a orientação de aguardar até o início da semana.

Na segunda-feira, às 9h, Borja foi orientado pelo próprio presidente Collor a abrir investigação sobre as declarações do irmão. O ministro despachou o documento para a Federal, onde foi recebido por Amaury Aparecido Galdino, que assumira a direção-geral quando Tuma se tornou supersecretário. E quem ficaria à frente dos trabalhos seria um nome fundamental para as investigações e, futuramente, para a PF: o delegado Paulo Lacerda.

CAPÍTULO 4
Força-tarefa

O ano de 1945 foi marcante para a população de Anápolis, em Goiás. O município, localizado a 48 quilômetros da capital Goiânia, reuniu a população numa festa inesquecível no dia 6 de outubro: a inauguração do Clube Recreativo Anapolino, com direito a um baile a rigor animado por uma banda de jazz. No Natal daquele ano, na mesma cidade, uma família comemorava outro momento especial: o nascimento de Paulo Fernando da Costa Lacerda. A mãe era dona de casa e o pai, um comerciante mineiro. A família se mudava constantemente devido aos negócios do chefe da família. Paulo Lacerda foi levado, ainda pequeno, para Governador Valadares, no interior de Minas. Ao completar 10 anos, o destino foi Duque de Caxias, na Baixada Fluminense.

Antes de atingir a maioridade, ele começou a trabalhar no Banco Comércio e Indústria, mas a família se mudaria novamente, desta vez para a Penha Circular, na Zona Norte do Rio. Paulo Lacerda continuou no banco, na agência de Caxias, até fazer o vestibular para a Universidade Candido Mendes, no Centro do Rio. Criada na década de 50 pelo jornalista Candido Mendes de Almeida, a faculdade foi pioneira no ensino da prática forense.

Também no Centro, na esquina da Rua do Ouvidor com a Avenida Rio Branco, ficava a sede do Banco Nacional, que havia comprado o Banco Comércio e Indústria. Fundado pelos irmãos José e Waldomiro Magalhães Pinto em 1944, o Nacional estava entre as maiores instituições bancárias do país e foi uma das primeiras empresas a apostar no uso do marketing esportivo. Patrocinou o tricampeão de Fórmula 1 Ayrton Senna e estampou sua marca em camisas de times de futebol, além de associá-la ao "Jornal Nacional", telejornal mais visto e de maior influência no Brasil.

O Nacional tinha um conjunto de políticas de estímulo aos funcionários e, entre elas, a de premiar ideias que contribuíssem na melhoria dos processos internos. Paulo Lacerda se tornara auditor e uma de suas propostas foi contemplada, levando-o a ganhar um salário mínimo a mais no fim do mês.

– Eu trabalhava na área que centralizava as informações diárias e na época não havia computador. Nós levantávamos os dados sobre o movimento do dia e quanto poderia ser aplicado. Tudo era coletado, em todos os estados, por telefone. Eram dezenas de papéis. Eu pensei em fazer um formulário resumido, excluindo os números que não interessavam. No final, o resumo coube em apenas uma folha.

Apesar da carreira promissora, Lacerda se formaria em direito em 1975. Pretendia trabalhar na área jurídica. Tentou se inscrever no concurso para inspetor da Polícia Federal, mas foi vetado porque ainda não recebera o certificado de conclusão do bacharelado. Achava que não tinha perfil para ser "um tira", um policial operacional, mas a vontade de trabalhar na polícia o levou a fazer o concurso de nível médio da instituição.

Lacerda foi aprovado no cargo de papiloscopista e, já em 1976, decidiu fazer o curso de formação na Academia Nacional de Polícia, em Brasília. Ali, aprendeu a coletar, analisar, classificar, pesquisar, examinar e arquivar impressões digitais de pessoas vivas ou mortas. Na mesma época, fez concurso para delegado e foi aprovado. Em 1977, teve aulas de liderança. Além de instaurar e conduzir os procedimentos de investigação, os delegados exercem a função de gestores nas superintendências, chefiam unidades, planejam e coordenam forças-tarefas.

Paulo Lacerda comandou a Delegacia de Repressão a Crimes Fazendários de Belo Horizonte no início da carreira e, nos primeiros anos da década de 80, a Fazendária no Rio e a Polícia Federal em Nova Iguaçu, até assumir a Superintendência em Rondônia. Em 1989 fez o curso de Altos Estudos de Política e Estratégia na Escola Superior de Guerra (ESG) e nos anos 1990 esteve à frente do Serviço de Correições da Corregedoria Geral em Brasília, quando foi escolhido para investigar o primeiro grande caso de corrupção no Brasil envolvendo um presidente da República.

Acostumado à vida nômade desde criança, ele se colocava à disposição para missões que exigissem deslocamentos pelo país. Mário Cassiano Dutra, corregedor da Polícia Federal, sabia disso e apenas lhe comunicou: "Tem um trabalho aí e você está escolhido. Não tem como negar".

A capital federal estava um alvoroço com a denúncia de Pedro Collor. O inquérito policial fora aberto na própria segunda-feira, como resultado da repercussão da reportagem da "Veja". Lacerda reuniu o despacho presidencial, a matéria e a requisição do procurador-geral da República, Aristides Junqueira, para redigir a portaria, primeiro ato do processo. Em seguida, telefonou para pessoas que poderiam ter alguma relação com Pedro Collor.

– Consegui falar com um comendador de Alagoas, ligado a ele. Marquei o depoimento de Pedro Collor para a quarta-feira na Polícia Federal de São Paulo – lembra Lacerda.

A Superintendência da PF funcionava na Rua Antônio Godoy 23, no Centro. Com 24 andares e estilo moderno, o Edifício Wilton Paes de Almeida foi sede da Federal de 1980 a 2003 – no dia 1º de maio de 2018, já abandonado e invadido por moradores sem-teto, o prédio pegou fogo, desabou e matou sete pessoas.

No dia do depoimento de Pedro Collor, a pequena rua foi fechada e a presença em massa da imprensa transformou a paisagem do lugar. O discreto Paulo Lacerda já exercia alguma atração na mídia. Um equipamento de televisão chegou a ser pendurado em uma das janelas, na tentativa de captar o som do depoimento. Como a movimentação dos técnicos da TV foi muito escancarada, o delegado mudou a sala do depoimento para não correr o risco de ser registrado pela imprensa. Mas, se fosse, também não faria diferença: Pedro Collor foi orientado por seu advogado a tão somente confirmar o que a revista publicara.

Na semana seguinte, Lacerda foi a Maceió ouvir Paulo César Farias.

O tesoureiro da campanha de Fernando Collor era o principal alvo das denúncias de Pedro Collor.

– PC era uma eminência parda do governo. Se quisesse, seria ministro, mas ele queria ser mais do que isso. Era um sujeito muito versátil e preparado, apesar da caricatura do nordestino criada pelos brasileiros – diz Lacerda.

O alagoano PC Farias foi seminarista, locutor de rádio e professor de francês e de latim. Atuou ainda como advogado de júri e no comércio de carros usados. No depoimento, mostrou-se arrogante, provavelmente achando que a investigação não daria em nada.

Contudo, o modelo de trabalho implantado no caso Collor modificaria para sempre a forma de se investigar no Brasil. O primeiro mês de trabalho se deu da maneira habitual: abertura de procedimento para investigação, com um delegado à frente e um escrivão para auxiliar a colher depoimentos; emissão de memorandos; pedido de diligências; e autorizações judiciais de quebras de sigilo dos suspeitos.

Os primeiros pedidos foram feitos ao procurador-geral, Aristides Junqueira, no fim de abril de 1992. Uma Kombi abarrotada de papéis com cópias de extratos bancários, cheques, fichas de depósito, transferências financeiras e declarações de rendimentos de pessoas físicas e jurídicas foi recebida com espanto na sede da PF em Brasília, conhecida como Máscara Negra, em alusão aos vidros pretos da fachada do imóvel, erguido em 1977.

A quantidade descomunal de papéis sinalizava que não se tratava de uma investigação comum. Para dar conta do trabalho, Lacerda pediu reforço aos superiores. Diante da necessidade de desdobramento da investigação – havia suspeita de uma vasta modalidade de crimes –, ele precisava de ao menos três agentes e de mais uma sala para acomodar o material reunido.

Analisar aquela imensa quantidade de documentos era algo incomum para os policiais brasileiros. O delegado redigiu um memorando detalhado sobre os passos seguintes da investigação e fez novas solicitações: dez equipes com delegados, escrivães, agentes e peritos com dedicação exclusiva. O diretor-geral Amaury Galdino, num primeiro momento, liberou metade dos servidores solicitados.

Lacerda tinha a seu favor a repercussão do caso. O procedimento aberto após a entrevista de Pedro Collor recebeu o nome de "inquérito mãe" e foi desdobrado em 115 outros inquéritos nos quase quatro anos de apuração do caso. A estrutura montada reunia mais de 50 profissionais. O trabalho era minucioso e exaustivo. Cada cheque, antes da análise, tinha que ser fotocopiado, ampliado e digitalizado, tarefa realizada por técnicos de empresas terceirizadas, entre elas a Brasília e a Montreal, especializadas neste tipo de serviço.

O departamento criado por Paulo Lacerda recebeu o nome de Setor de Inquéritos Especiais. O grupo de trabalho, que mais tarde seria chamada de "força-tarefa", ocupava metade de um andar do Máscara Negra.

Um inquérito parecido fora aberto cinco anos antes, durante o mandato de Sarney, no caso da Ferrovia Norte-Sul (Maranhão-Brasília), mas não deu em nada. Em maio de 1987, o jornal "Folha de S. Paulo" havia antecipado em cinco dias o resultado da licitação para a construção da ferrovia, orçada em US$ 2,5 bilhões. Um pequeno anúncio nos classificados informava os nomes das empresas vencedoras.

Outras licitações suspeitas foram investigadas posteriormente. A Federal, porém, adotou o modelo antigo de apuração, sem dedicação exclusiva de agentes. É possível que, se tivesse empregado a mesma dinâmica que desvendou o Caso PC Farias, o desfecho seria outro, com a comprovação, pela primeira vez, do envolvimento com a corrupção do Brasil de personagens do alto escalão da política e de setores da construção. O inquérito da Norte-Sul foi arquivado um ano depois, sem nenhum punido.

O Caso PC Farias seria um divisor de águas na atuação da Polícia Federal. Dedicação total a um caso e o desdobramento de várias investigações a partir do fato inicial se tornariam regra em inquéritos especiais.

CAPÍTULO 5
Investigação com tecnologia

Até o Caso PC Farias, os métodos de investigação eram limitados. Além dos depoimentos e da acareação entre testemunhas e suspeitos, somente a quebra de sigilo fiscal e bancário contribuíam para a apuração de crimes de colarinho branco. Mandados de busca e apreensão eram solicitados eventualmente. O monitoramento telefônico, apesar de previsto na Constituição, ainda não estava regulamentado e, portanto, não valia como prova.

Apesar das dificuldades, a força-tarefa montada no Caso PC contribuiu para dinamizar a investigação. A Justiça reconheceu, pela primeira vez, como "elemento probatório", o exame grafotécnico em documento reproduzido (fotocópia). Até então, só se aceitava perícia em documentos originais, gerando dificuldades quase intransponíveis à apuração de um crime, já que os bancos, por lei, conservam os originais por apenas seis meses.

O primeiro caso de perícia eletrônica na Polícia Federal também ocorreu nas investigações sobre PC Farias e Collor. O supersecretário Romeu Tuma fez uma fiscalização no escritório de PC em São Paulo. No local, funcionava a Verax S/A, empresa de fachada. Um microcomputador Macintosh, da Apple, estava desligado e pronto para ser levado dali por conta da desativação do lugar. Dois auditores da Receita apreenderam o equipamento, mas não encontraram registros de dados na memória da máquina. Paulo Lacerda solicitou o computador e o encaminhou ao Instituto Nacional de Criminalística.

Havia uma sala no quinto andar do Máscara Negra à qual só os peritos tinham acesso. Ali eles recorreram ao Rescue Plus, um software inglês para recuperar informações. O programa rodou durante dois dias até aparecerem os primeiros dados na tela do computador.

O delegado acionou o procurador-geral Aristides Junqueira para mostrar o que encontraram. Arquivos foram recuperados integralmente e eram ouro puro. Um deles tinha o nome de *Cash* (dinheiro vivo) e, como senha, a palavra Collor. Em linguagem codificada, o documento listava 108 negócios envolvendo administrações públicas e particulares. Havia planilhas, nomes e detalhes sobre a forma de atuação da organização liderada por PC Farias. O laudo pericial resultou num calhamaço de 248 páginas.

No sistema, constavam os nomes das construtoras OAS, Odebrecht e Andrade Gutierrez, dos bancos Credicard e BNC, entre outros grupos privados – alguns dos envolvidos eram pais ou avós dos empresários presos em operações mais recentes da PF. Dezenas de inquéritos foram abertos para apurar a participação das empresas no esquema. Os peritos encontraram, por exemplo, a sigla CAF, com o valor de 1% especificado ao lado. CAF foi identificado como "Comissão de Amigos do Fernando".

Outra prova foi uma fita cassete entregue pelo ex-deputado federal Sebastião Curió (PDS). Usando uma secretária eletrônica, ele gravou conversas telefônicas com Paulo César Farias, com o então ministro da Justiça, Bernardo Cabral, e com Luís Adelar Scheuer, diretor da Mercedes-Benz. O teor da gravação era uma doação de campanha para Curió, que comprovaria o envolvimento do presidente no esquema: Collor e Curió teriam acertado a contribuição em um encontro no restaurante Florentino, em Brasília.

* * *

Os policiais não tinham descanso, até porque o mundo digital ainda engatinhava. Foram requisitados todos os atos assinados pelos ministros de Collor. A papelada demorava uma eternidade para ser entregue. O cruzamento de dados era feito na base do olho. Os peritos examinavam linha por linha das planilhas em busca de vestígios de crimes. Em uma dessas planilhas havia registro de um depósito da Associação Nacional de Transportes Rodoviários (Rodonal) em contas fantasmas de PC Farias.

A papelada do Ministério da Economia foi então vasculhada e o próprio Paulo Lacerda encontrou a Portaria nº 541, de 14 de setembro de 1990, assinada pela ministra da Economia, Zélia Cardoso de Mello, no dia seguinte ao depósito efetuado pela Rodonal. Em uma época de congelamento de preços, o governo concedera um reajuste de 17,4% nas passagens de ônibus estaduais e interestaduais.

O aprofundamento das investigações revelou que parte do dinheiro da Rodonal fora depositada na conta da Empresa de Participações e Construções, de PC Farias. Rastreada, a movimentação apontou que os valores acabaram repassados para a conta bancária de João Carlos de Freitas Camargo, ex-assessor de Zélia. A propina teria sido usada numa reforma da casa da ministra em São Paulo, segundo o próprio Camargo admitiu em depoimento ao STF.

O trabalho da Federal e a repercussão em torno do escândalo envolvendo pela primeira vez um presidente eleito contribuíram para que o caso tivesse consequências. Em 26 de maio de 1992, a Câmara dos Deputados instaurou uma CPMI (Comissão Parlamentar Mista de Inquérito) para investigar as denúncias de Pedro Collor. Provas e documentos reunidos pela equipe de Lacerda foram usados pelos parlamentares no depoimento de Pedro, na semana seguinte. A partir dali, o trabalho da PF começou a ganhar celeridade. O processo de cassação de Fernando Collor foi aberto em 29 de setembro de 1992. Três meses depois, em 29 de dezembro, o presidente se antecipou ao impeachment e renunciou horas antes da votação no Senado.

A Constituição de 1988 trouxe uma inovação, experimentada principalmente a partir da Lei de Improbidade Administrativa, de 2 de junho de 1992, promulgada dois dias antes do depoimento de Pedro Collor na CPMI. Julgado na esfera civil por crime de responsabilidade, Fernando Collor perderia os direitos políticos por oito anos. Somente em 2006 voltaria ao Congresso, como senador por Alagoas.

CAPÍTULO 6
Palavra de ministro

A crise desencadeada pelo impeachment de Collor teve reflexos na Polícia Federal. A posse do vice-presidente Itamar Franco, no fim de 1992, não mudou o quadro de instabilidade na economia: os policiais penavam com a falta de verbas e recursos e com baixos salários, problemas que resultariam num enfrentamento sem precedentes com o governo. Com a promulgação da Constituição Federal, foi publicada a Lei 7.702, equiparando o salário do policial federal ao do policial civil do Distrito Federal. Mas, como o governo não cumpria a legislação, a insatisfação foi se instalando no dia a dia da PF. Pequenos problemas internos ganhavam proporções gigantescas.

O ministro da Justiça escolhido por Itamar foi o senador Maurício Corrêa (PDT-DF), vice-presidente da CPMI do caso PC Farias. Ele afastara Romeu Tuma da Secretaria de Polícia Federal por desconfiar que o delegado vazara informações a Orestes Quércia (governador de São Paulo entre 1987 e 1991) sobre seu indiciamento no inquérito da privatização da companhia aérea Vasp. A própria corporação pressionou pela saída de Tuma, acusando-o de usar a imagem da Federal para se promover. Desde abril de 1992 na direção-geral da PF, Amaury Galdino foi convidado pelo ministro Corrêa para o lugar de Tuma. Mas a fuga de PC Farias, em julho de 1993, resultou em sua exoneração.

Itamar telefonou para Paulo Lacerda, o policial de maior prestígio à época, dentro e fora da corporação, e o convidou a assumir a Federal para apaziguar os ânimos. Lacerda apresentou ao presidente o quadro de carência da instituição e se mostrou cético quanto a soluções. O delegado lembra que a Polícia Federal nunca foi prioridade, principalmente quando se tratava da questão orçamentária:

– Passamos muitos vexames por falta de dinheiro. Os colegas se viravam pedindo ajuda para manutenção das viaturas e para botar combustível. A solução era recorrer à prefeitura, ao mecânico da região. Eu nunca fui de fazer isso, mas escrevia um memorando pedindo o que precisava para dar continuidade ao inquérito e executar as diligências. Alguns ficavam aborrecidos quando recebiam o documento. Quando não atendiam, eu não efetuava a diligência por falta de condições.

O fato de trabalhar com investigações e na área de disciplina (corregedoria) permitiu que Lacerda conhecesse em linhas gerais o que a Polícia Federal precisava naquele momento. O primeiro contato com o presidente não resultou em nada: Itamar disse que o ministro da Justiça, Maurício Corrêa, conversaria com ele para responder sobre suas demandas.

– Corrêa era um político típico, daqueles que prometem. Um goianão do tipo que fala muito: "Você vai trabalhar conosco. Estamos precisando de você" – lembra Lacerda.

Na realidade, Maurício Corrêa era mineiro, de São João do Manhuaçu. Nasceu em 9 de maio de 1934. Filho de pais pobres, vendeu queijo na estação de trem da cidade, foi engraxate e se formou em direito na Universidade de Minas Gerais, em 1960. Mudou-se para Brasília e ganhou dinheiro defendendo empresas de porte e investindo em imóveis.

Corrêa presidiu a primeira Comissão de Direitos Humanos da OAB, entre 1974 e 1979, ainda no regime militar. Ele impediu a invasão da sede da Ordem em Brasília pelo general Newton Cruz na votação da emenda Dante de Oliveira (Diretas Já!). Foi eleito senador em 1986. Assumiu o Ministério da Justiça, convidado por Itamar Franco, amigo de longa data. Teve contra ele uma denúncia de sonegação fiscal, protocolada por um advogado no início de 1993, mas pagou uma multa e ficou quite com a Receita.

O ministro ouviu o relato de Paulo Lacerda sobre a PF e o motivo pelo qual declinaria do convite. Entre outros problemas, destacou ameaças de despejo por falta de pagamento aos donos dos imóveis. "A polícia investiga sonegadores e pessoas que deram calote no governo. Qual a diferença da gente para eles?", questionou Lacerda ao ministro. Corrêa não aceitou a recusa de Lacerda e pediu que ele repensasse. Marcariam uma nova reunião.

As entidades de classe, principalmente as ligadas aos delegados, foram a Lacerda: viam em sua nomeação uma oportunidade para encaminhar a lista de necessidades da categoria. No dia da segunda reunião, os dirigentes sindicais também compareceram.

– Eles estavam empolgados, mas fiquei preocupado com aquilo. Não vou me deixar entusiasmar com esse clima, pensei. Depois, não consigo nada e ainda sou fritado pelos dois lados – lembra Lacerda.

A presença de muitos colegas no encontro foi usada como argumento pelo ministro. Ele abriu a reunião de forma enfática: "Doutor Lacerda, todos vieram aqui para confirmar que o senhor é o novo diretor da Polícia Federal". O delegado respondeu que ainda não aceitara, mas perguntou a Maurício Corrêa se ele analisaria sua lista de reivindicações e informaria o que, de fato, seria possível atender. Constava até pedido de concurso, que não ocorria desde 1986.

O ministro recebeu a lista antes da reunião e disse que estava tudo resolvido. Surpreso, Paulo Lacerda indagou se ele assinaria algum ato para publicação no dia seguinte. "Não! O ato é a palavra do ministro", disse Corrêa, contrariado. Lacerda argumentou, então, que não faria diferença esperar mais um pouco. Assumiria o comando da Federal assim que as medidas mais relevantes fossem publicadas. Para ele, a questão orçamentária era a mais importante.

– Quem manda no dinheiro é o ministro da Fazenda e a palavra mais repetida na ocasião era corta, corta, corta. E o ministro da Justiça dizendo que ele iria resolver a questão? – justifica Lacerda.

Maurício Corrêa encerrou a reunião, pediu que só Lacerda permanecesse na sala e esbravejou: "Você não pode ficar colocando o ministro da Justiça contra a parede. Se eu falei que vou resolver, vou resolver. O senhor está parecendo que quer ser ministro! Isso é discurso de político". Passou-se a semana e nada foi publicado no "Diário Oficial". No domingo seguinte, Lacerda recebeu um telefonema de Corrêa: "Amanhã, quero você em meu gabinete às 9h. Você toma posse amanhã. Parabéns", disse. Lacerda respondeu que não iria e o ministro o ameaçou até de demissão. Anos mais tarde, Paulo Lacerda e Maurício Corrêa se esbarraram no Congresso Nacional e se cumprimentaram sem qualquer resquício de mágoa.

Em 8 de julho de 1993, Corrêa nomeou Wilson Brandi Romão, coronel do Exército, para o cargo de diretor-geral da PF. A medida gerou ainda mais indignação nos policiais federais. A repercussão foi grande. O deputado Moroni Torgan (PSDB-CE), delegado federal, disse que o ato do ministro da Justiça era uma intervenção militar. Até 1992, dos 31 diretores-gerais, apenas seis civis ocuparam o cargo, sendo cinco nos primeiros anos. De 1946 a 1986, dez generais, dez coronéis, um tenente-coronel e um major comandaram a Polícia Federal. Desde então, com a redemocratização, um militar à frente da PF seria um retrocesso institucional.

A crescente insatisfação levou os policiais a marcarem protestos no período em que 23 chefes de Estado estariam em Salvador para a Conferência Anual Ibero-Americana. Tropas do Exército foram mobilizadas para substituir policiais em caso de greve. Maurício Corrêa cumprira parte do que prometera à categoria. Ele conseguiu do ministro da Fazenda, Fernando Henrique Cardoso, a liberação de recursos para quitação de contas atrasadas, custeio e manutenção das superintendências. Também foi aberto concurso. Em março de 1994, Corrêa reassumiu o cargo no Senado. Foi substituído no Ministério da Justiça por Alexandre Dupeyrat, e a questão salarial permaneceu sem solução.

Os ânimos dos policiais seguiam acirrados e a disputa pelo comando da Federal continuou. O clima tenso resultou na primeira grande paralisação dos federais. Em 25 de abril de 1994, a categoria decretou greve por tempo indeterminado. A principal reivindicação era o cumprimento da lei de

1988 que equiparava o salário dos policiais federais com os da Polícia Civil do Distrito Federal. Por determinação do presidente Itamar Franco, a PF sofreu intervenção e sedes foram ocupadas por tropas militares, incluindo o Máscara Negra. O Exército permaneceu no prédio por três dias.

Itamar recuou e pôs fim à intervenção em 14 de maio. Ao mesmo tempo, a Justiça considerou ilegal a paralisação. O movimento durou 64 dias e terminou sem reajuste salarial. Só dois anos depois, no governo Fernando Henrique, é que eles teriam os vencimentos equiparados aos dos policiais de Brasília.

***

Durante as investigações do Caso PC Farias, afastado pelo diretor-geral Wilson Romão do cargo de vice-presidente da Interpol para as Américas, Romeu Tuma conseguiu emplacar como seu substituto o delegado Edson Oliveira. Em novembro de 1993, o tesoureiro de Collor foi localizado num hotel em Bangcoc, na Tailândia, e coube a Edson trazê-lo de volta ao Brasil, recebendo os louros pela prisão. O episódio criou uma rusga entre Romão e Tuma, que também teve sua imagem associada ao sucesso da operação. Em outubro de 1994, Romeu Tuma foi eleito senador por São Paulo, pelo Partido Liberal.

Em janeiro de 1995, Fernando Henrique Cardoso assumiu a presidência – graças ao êxito do Plano Real, que lançou quando era ministro da Fazenda de Itamar Franco – e escolheu Nelson Jobim para o Ministério da Justiça, que por sua vez indicou o delegado Vicente Chelotti para a direção-geral da Federal. Chelotti, porém, encontrou resistência no governo por ser líder sindical. Foi então que Wilson Romão intercedeu a seu favor, retribuindo o apoio que havia recebido durante o atrito com Romeu Tuma na prisão do foragido PC Farias.

CAPÍTULO 7
Leis do passado

Em meados da década de 90, o suporte de leis para a tarefa policial era frágil. O trabalho de investigação esbarrava no Código Penal, que necessitava de atualização, e em decisões do Supremo Tribunal Federal, sobre a constitucionalidade das provas. A Polícia Federal se virava para combater o crime. A experiência informal de Paulo Lacerda em separar os inquéritos no início dos anos 1980 só foi oficializada quando ele chefiava a Divisão de Polícia Fazendária, em Brasília. Em maio de 1994, Lacerda estruturou um plano operacional de combate às fraudes contra a Previdência. Após estudos, o diretor-geral Wilson Romão emitiu a Portaria nº 325, que instituía o Serviço de Prevenção e Repressão a Crimes Previdenciários.

Contudo, houve forte resistência entre os delegados. Acostumados à distribuição igualitária da papelada, muitos reagiam à ideia de assumir uma grande quantidade de inquéritos sem relevância, enquanto outra autoridade responderia apenas por um procedimento de maior complexidade.

A novidade implantada na Federal, porém, daria resultados. Em 1995, o Banco Central descobriu que o Banco Nacional estava com problemas de liquidez e decretou o Regime de Administração Especial Temporária para proteger correntistas e o sistema financeiro de uma possível quebra. Mesmo comandando as investigações do Caso PC Farias, Paulo Lacerda reforçou a equipe encarregada de investigar o banco onde teve seu primeiro emprego.

O Ministério Público Federal marcou uma reunião com os delegados na Rua México, no Centro do Rio, para informar que os procuradores iriam comandar o inquérito e, em seguida, teriam um encontro na sede da instituição investigada. Vinte anos depois, Paulo Lacerda voltava ao antigo local de trabalho.

– Quando cheguei encontrei vários ex-colegas de banco, que agora eram diretores e estavam fornecendo as informações.

O inquérito policial teve 900 volumes e 70 mil páginas. O delegado lembra que o perito criminal contábil Geraldo Bertolo detectou mais de 900 empréstimos fictícios entre 1988 e 1995. Os valores escamoteados somavam R$ 9,2 bilhões (R$ 38,6 bilhões em valores de 2020). O relatório final assinado pelo delegado Galileu Pinheiro indiciou 39 pessoas por gestão temerária e fraudulenta do Banco Nacional, entre elas Ana Lúcia Catão de Magalhães Pinto, nora do então presidente Fernando Henrique Cardoso, e mais três membros da família Magalhães Pinto.

O Nacional faliu em 1995. O Unibanco – hoje Itaú – adquiriu seus ativos (contas e aplicações financeiras). Os passivos (obrigações a pagar e dívidas gerais) ficaram a cargo do Banco Central. Em janeiro de 2002, os acusados foram condenados. Marcos Magalhães Pinto e quatro executivos chegaram a ser presos por alguns dias em setembro de 2013, por ordem do juiz Marcos André Bizzo Moliari. No entanto, a sentença ainda não transitou em julgado e os condenados seguem em liberdade.

Já a investigação do Caso PC Farias se estendeu de março de 1992 a maio de 1996. A equipe de Paulo Lacerda encontrou inúmeras operações em paraísos fiscais, além de contas bancárias com nomes falsos. A Polícia Federal conseguiu demonstrar que o esquema comandado por Paulo César Farias envolveu políticos, servidores públicos, empresários e comerciantes em corrupção, exploração de prestígio, extorsão e formação de quadrilha.

Os crimes contra a administração pública movimentaram dinheiro sem origem dentro do sistema bancário, por um intrincado caminho de contas fantasmas operadas por laranjas e pelas CC-5, contas especiais mantidas por brasileiros não residentes no país. As investigações encontraram artifícios para mascarar a saída de dinheiro do caixa dois de empresas e acobertar pagamentos ilícitos com recursos de atividades regulares. Parte do dinheiro era destinada a cobrir dívidas de campanha ou embolsada, sob a justificativa de futuros gastos para fortalecer a base do governo no Congresso.

O Caso PC representou a mais importante investigação de crime de colarinho branco até então. A Polícia Federal desvendou um bilionário esquema criminoso contra a União, centrado numa rede de traficantes de influência com posições estratégicas no governo. A extensa e complexa apuração resultou em 38 autos, desdobrados em 1.088 processos, totalizando 267 mil páginas. Muitas das provas obtidas seriam questionadas na Justiça, e os envolvidos se livrariam da cadeia.

* * *

Um dos delegados da equipe de Paulo Lacerda conhecia as táticas dos advogados. Zulmar Pimentel nasceu em Manaus, em 23 de novembro de 1950, e aos 18 anos se mudou para o Pará, onde serviu na Aeronáutica. Trabalhou por três anos na Base Aérea e no 1º Comando Aéreo Regional, em Belém. Depois foi contratado pela Companhia de Pesquisa de Recursos Minerais do Ministério de Minas e Energia, onde trabalhou por dois anos. Em busca de estabilidade, em 1976 foi aprovado no concurso para agente da Polícia Federal.

O futuro responsável pelas megaoperações que revolucionariam a PF continuou estudando: formou-se em direito em 1979 pela Universidade Federal de Pernambuco e se tornou delegado em 1982. Trabalhou na Superintendência Regional de Minas Gerais, chefiou a Divisão de Inteligência em Nova Iguaçu, no Rio de Janeiro, e em Ponta Porã, no Mato Grosso, além de comandar a seção de Operações da Delegacia de Repressão a Entorpecentes e o Serviço Disciplinar.

Em suas diligências por tudo que é canto do país, Zulmar se incomodava especialmente com a precariedade do inquérito policial. Ele mesmo presidiu mais de 600 e estima que menos de 5% das investigações chegavam à condenação. A prova testemunhal, considerada por alguns como a "mãe das provas", direcionava a coleta de informações.

– As intimações, os depoimentos e até as faltas sucessivas dos convocados atrapalham qualquer investigação. Uma testemunha ou o próprio suspeito faltava e apresentava um atestado médico. Somente após a terceira ausência poderia ser conduzido coercitivamente – conta Zulmar.

Quando encontrava ramificações do crime em outro estado, o delegado tinha que solicitar uma carta precatória para colher depoimentos. Era uma burocracia infinita, morosa, improdutiva. E os advogados ganhavam tempo para montar depoimentos de clientes. Chegaram a criar até um termo para o ensaio do discurso: "perguntório".

Diante de um raio de ação muito limitado, praticamente sem a possibilidade de obter provas testemunhais ou o instrumento da delação premiada, somente as provas periciais poderiam resultar em condenação. Ainda assim, a legislação e o Supremo Tribunal Federal não as consideravam suficientes. Diferentemente de hoje, na época o STF exigia o ato de ofício, a assinatura do criminoso em algum documento, para só então condená-lo. Apenas recentemente é que juízes passaram a considerar o domínio do fato, isto é, responsabilizar quem está por trás dos crimes e não apenas os subordinados.

A ação penal contra a ministra Zélia Cardoso de Mello ficou parada no Supremo por dois anos. Ao sair do ministério, ela perdeu o foro privilegiado e o processo caiu para a 12ª Vara Federal de Brasília. Em 2000, o juiz Marcus Vinícius Reis Bastos a condenou a 13 anos, mas Zélia foi absolvida em segunda instância. O Tribunal Regional Federal da 1ª Região reconheceu o nexo causal entre os fatos – a assinatura do decreto e o depósito no dia seguinte nas contas fantasmas de PC e o posterior repasse a um dos ex-assessores de Zélia –, mas entendeu não haver "provas contundentes" para a acusação de corrupção passiva, exigidas pelo ato de ofício. O Ministério Público recorreu seguidamente até o processo voltar ao Supremo, que a absolveu definitivamente em 2009.

Paulo César Farias entrou com um pedido de anulação das provas, alegando que a apreensão do microcomputador em sua empresa fora ilegal. O STF acatou e estendeu o conceito de endereço ao escritório de PC, sob o argumento de que a fiscalização e a apreensão do equipamento só poderiam ter sido feitas com ordem judicial. O Supremo fez valer para o caso a inviolabilidade do sigilo de correspondência: os peritos não poderiam ter acessado a memória do computador sem a permissão do dono. E desconsiderou as gravações do ex-deputado Sebastião Curió, também por serem produzidas sem autorização judicial.

O ex-presidente Fernando Collor e seu fiel tesoureiro Paulo César Farias não seriam condenados por corrupção. Isso porque o Brasil, até então, era um dos países mais atrasados em matéria de legislação penal. PC Farias foi sentenciado por falsidade ideológica, sonegação fiscal e evasão de divisas; Collor seria julgado politicamente no Congresso.

No ano seguinte ao impeachment, o chefe da Comissão de Orçamento e Finanças do Senado Federal, o economista José Carlos Alves dos Santos, denunciou um esquema de fraudes na liberação de emendas parlamentares, envolvendo as mesmas empreiteiras investigadas no Caso PC Farias. Paulo Lacerda colheu seu depoimento. Seis deputados foram cassados, mas os resultados na esfera penal se revelaram tímidos. Porém, a repercussão dos casos PC Farias e Anões do Orçamento contribuiu para a criação da Lei de Combate ao Crime Organizado, promulgada dois anos depois. A nova lei reduziria a impunidade em processos semelhantes.

Paulo César Farias e sua namorada, Suzana Marcolino, foram encontrados mortos na casa de praia dele, em Guaxuma, litoral norte de Maceió, em 23 de junho de 1996. Ambos com um tiro no peito. Duas perícias apresentaram versões diferentes: crime passional, em que Suzana matara PC por ciúmes e se suicidara em seguida, e duplo homicídio, cometido por uma terceira pessoa nunca identificada.

CAPÍTULO 8
Mecanismos de enfrentamento

A repercussão de casos como o de Collor e PC Farias contribuiu para se aprimorar a legislação penal no Brasil. Foram criadas leis para fazer frente ao crime organizado. Parte dessa mudança teve origem também na Polícia Federal: desde a Constituição de 1988, os delegados não podiam mais expedir mandados de busca e apreensão. Até então, os envolvidos em organizações criminosas eram processados por formação de quadrilha, com base no Código Penal de 1940. O delegado Getúlio Bezerra observa que a potencialidade do crime ajuda a medir e a diferenciar uma organização criminosa de uma quadrilha. No crime organizado há o envolvimento de agentes do Estado.

– A evolução legislativa ocorreu muito em decorrência dos seminários que nós fazíamos – lembra Getúlio Bezerra.

Um ano antes das denúncias de Pedro Collor foi organizado o primeiro seminário "Realidade brasileira na luta contra o tráfico de drogas", em Vitória, no Espírito Santo, com delegados, procuradores e juízes. Getúlio conta que já havia uma cobrança da sociedade por leis contra a corrupção e a lavagem de dinheiro e por meios de investigação que contemplassem a infiltração e a ação controlada, técnicas de inteligência comuns hoje em dia.

Desestimulado pelos resultados na Justiça das investigações de que participou, entre elas o Caso PC Farias, Paulo Lacerda se aposentou em 1997 e foi convidado para ser assessor parlamentar do senador Romeu Tuma, eleito em 1994. Depois de trocar o PL pelo Partido Social Liberal (PSL), Tuma ingressou no Partido da Frente Liberal (PFL).

Lacerda estava fora da Polícia Federal, mas seu nome ainda reverberava nos meios políticos e administrativos. Em 1998, ele foi procurado pelos criminalistas José Carlos Dias e Márcio Thomaz Bastos. Ambos o conheciam pessoalmente porque defenderam clientes em inquéritos que ele presidira. José Carlos Dias chegaria em seguida a ministro da Justiça de Fernando Henrique, entre 1999 e 2000.

Em nome de FHC, eles o sondaram para assumir o comando da Federal. Thomaz Bastos e Dias ouviram de Lacerda os mesmos argumentos que usara ao recusar o convite de Maurício Corrêa no governo anterior: era preciso resolver problemas orçamentários. Lacerda lembrou que os policiais não tinham reajuste há dez anos. A única concessão nesse sentido foi a equiparação com os salários dos policiais civis do Distrito Federal, prevista desde 1988 e só efetivada oito anos depois. Dias e Bastos não insistiram.

No Senado, Romeu Tuma buscava apoio a propostas para melhorar a investigação policial. Ele foi o relator da Lei de Lavagem de Dinheiro, em 1998. Houve, aliás, um fato prosaico em torno do termo "lavagem". Para Tuma, remetia ao resto de comida que se dá aos porcos e não devia batizar a lei. O governo corria para aprovar a matéria por conta da pressão de organismos internacionais de combate ao crime organizado. O assunto foi debatido pela primeira vez em 1988, na convenção da Organização das Nações Unidas em Viena, na Áustria. A não adesão às recomendações implicaria em restrições a créditos internacionais.

Assim, em 1998, a aprovação da Lei de Lavagem de Dinheiro e a criação do Conselho de Controle de Atividades Financeiras (Coaf), órgão voltado para a análise de informações financeiras, levariam as investigações contra o crime de colarinho branco a outro patamar, tornando possível a realização das megaoperações a partir de 2002.

***

O delegado federal Moroni Torgan foi eleito deputado federal pelo Partido Democrata Cristão (PDC) e propôs a criação de uma CPI do Narcotráfico, em 1991. Ela só seria instaurada oito anos depois e teve como relator o próprio Torgan, agora já no PSDB. Os trabalhos revelaram que as redes do crime organizado se estendiam a diferentes tipos de delitos, como roubo de cargas, e envolviam juízes, parlamentares, policiais e outras autoridades.

À época, o planejamento da logística para presos irem a Brasília depor em CPIs contava com a colaboração de Paulo Lacerda, no papel de assessor parlamentar. Ele ajudou a montar o transporte e a escolta a Brasília dos traficantes Luiz Fernando da Costa, o Fernandinho Beira-Mar, e Jorge Meres Alves de Almeida, convocados para a CPI do Narcotráfico. Jorge Meres foi o primeiro beneficiado no país com a delação premiada. Ele denunciou uma organização que traficava drogas entre Alagoas e São Paulo. A Lei de Proteção a Vítimas e Testemunhas, também sancionada em 1999, permitiu que Jorge Meres tivesse perdoadas as penas por homicídio e fosse incluído no programa de proteção a testemunhas do Ministério da Justiça. Ele denunciou mais de cem pessoas em dez estados, possibilitando mais de 30 prisões.

A delação premiada foi fundamental, mas Lacerda sempre defendeu a criação de um instrumento destinado a evitar o uso incorreto do benefício.

– Jorge Meres entregou muita coisa, mas também inventou outras. Esse é o problema. O instrumento certo para não banalizar a delação é analisar as declarações. Não é só colocar equipamento, como detector de mentiras, mas talvez convocar uma psicóloga para avaliar o que essas pessoas estão falando e checar se são verdades – opina Lacerda.

O relatório da CPI do Narcotráfico foi aprovado no fim de 2000 e indiciou 800 pessoas, entre elas empresários, policiais, prefeitos, seis desembargadores, 14 deputados estaduais e os deputados federais José Aleksandro (PSL) e Augusto Farias (PFL), irmão de PC Farias.

***

Enquanto integrantes da Polícia Federal se articulavam no Congresso, o Poder Executivo interferia na independência dos policiais. Em 1999, o Dossiê Cayman foi oferecido a políticos para incriminar o presidente

Fernando Henrique e outros integrantes do PSDB. O governador de São Paulo, Mário Covas, o ministro José Serra e o ex-deputado e ex-tesoureiro do partido Sérgio Motta seriam donos de contas em paraísos fiscais, no Caribe. Uma empresa das Bahamas, aberta em 1994, foi comprada por empresários brasileiros, moradores de Miami. Falsários incluíram a assinatura de Sérgio Motta como proprietário e informaram que FHC, Covas e Serra eram sócios ocultos.

A Polícia Federal foi acionada e comprovou a fraude. O delegado Jorge Pontes diz no livro "Crime.gov: quando a corrupção e o governo se misturam" (Editora Objetiva, 2019), escrito em parceria com o delegado Marcio Anselmo, que em 1998, no auge do escândalo, os verdadeiros donos da empresa divulgaram um documento informando que Fernando Henrique, Covas e Serra não eram os proprietários, mas não citavam o nome de Sérgio Motta. O presidente ficou preocupado e pediu ao diretor-geral Vicente Chelloti para resgatar o documento e suprimi-lo do inquérito.

A manobra veio à tona, o presidente se manteve em silêncio e a culpa recaiu sobre Chelotti. Em 2005, ao depor, FHC justificou que, embora Sérgio Motta não fosse dono da empresa, temia que o documento pudesse criar "problemas políticos e econômicos ao país". Chelotti foi demitido após a revista "Carta Capital" publicar, em 3 de março de 1999, reportagem com base em 38 grampos ilegais em que ele fazia críticas ao presidente e a outras autoridades.

* * *

Com a exoneração de Chelotti, o delegado Wantuir Francisco Brasil Jacini passou a responder interinamente pelo cargo. Somente em 15 de junho, o delegado federal João Batista Campelo assumiria de forma efetiva o comando da Federal. Mas foi uma passagem relâmpago: denúncias de prática de tortura o derrubaram menos de uma semana após a posse.

Em 22 de junho, o delegado Agílio Monteiro Filho foi escolhido para comandar a PF. Era o primeiro negro a dirigir a instituição. Ele ingressou na Federal em 1973 como agente, graduou-se em direito em Minas Gerais e foi aprovado no concurso público para delegado em 1978. Em sua gestão, Agílio Monteiro estruturou a assessoria parlamentar da Polícia Federal no Congresso, para auxiliar na elaboração de leis de suporte ao trabalho dos policiais. O escolhido para o serviço era um novato: o delegado Reinaldo de Almeida César Sobrinho, professor de direito da Universidade Federal de Brasília. O curioso é que ele não pensava em trabalhar na polícia, mas, ao ser informado por colegas da faculdade sobre a prova para delegado federal, lembrou-se do Caso PC Farias e fez o concurso:

– Aquilo ficou na minha imaginação. Eu me senti motivado a fazer o concurso pelo exemplo do Dr. Paulo Lacerda. Me lembro de uma foto dele no "Jornal do Brasil" se esquivando dos repórteres, com aquele jeito discreto.

Reinaldo fez a prova em 1997 e tomou posse em 1999. Ele convenceu o então presidente do Senado, Antônio Carlos Magalhães (PFL-BA), a ceder duas salas no 19º andar do Anexo 1 para a Federal trabalhar nas discussões legislativas de interesse da corporação. E estabeleceu um relacionamento com Paulo Lacerda, que, já aposentado, trabalhava como assessor do senador Romeu Tuma.

Ainda em 1999, Getúlio Bezerra continuava fazendo palestras com sua pregação por mudanças na legislação penal. Ele participou do Seminário Internacional sobre Lavagem de Dinheiro, no Conselho Federal da Justiça, ao lado de Nelson Jobim, então ministro do STF, e de Gilmar Mendes, subchefe para assuntos jurídicos da Casa Civil do governo Fernando Henrique. No ano seguinte, Gilmar se tornaria advogado-geral da União e, em 2002, seria nomeado por FHC ministro do Supremo.

Em suas palestras, Getúlio abordava os mecanismos de enfrentamento à lavagem de dinheiro. Ele definiu a prática de forma simples: é um processo de aplicação dos lucros obtidos nas diversas modalidades do crime organizado em atividades legais. Um fluxo regular, em que os recursos retornam para alimentar a atividade ilegal e assim sucessivamente. Getúlio citava um estudo belga para ilustrar a defasagem da legislação no Brasil: "Enquanto uma transferência de dinheiro levava em média seis segundos, uma carta rogatória (instrumento jurídico de cooperação entre países) demorava até seis meses para ser respondida".

Estados Unidos e países da Europa já possuíam toda uma doutrina de combate à lavagem de dinheiro, enquanto o Conselho de Controle de Atividades Financeiras, o Coaf, apenas engatinhava. Alinhar-se com outras nações na padronização de leis era pré-requisito para enfrentar esse tipo de crime, cuja essência é ser transnacional. Getúlio Bezerra enfatizava a necessidade de se criar uma cultura com a visão capitalista de perseguição ao dinheiro.

– Havia um desnível. Nós, da Federal, estávamos muito mais avançados nessa área do que procuradores e juízes. Os seminários serviam para difundir a ideia e os juízes eram convidados a participar – diz.

O intercâmbio funcionou e os juízes Odilon de Oliveira, Fausto de Sanctis, Sergio Moro e Eli Mendonça começaram a colocar em prática mecanismos contra o crime organizado. O confisco de bens, explica Getúlio, é fundamental para desmantelar uma organização criminosa:

– Vivíamos numa pindaíba. Como não tínhamos nada, se focássemos as investigações para ter o confisco dos bens e pudéssemos usá-los contra o próprio crime não haveria necessidade de tirar dinheiro da educação ou da saúde. Graças a isso, passamos a ter viaturas e as cedíamos até para outras áreas. A Delegacia de Entorpecentes, por exemplo, se beneficiou muito. Não havia mais crise de recursos. A gente podia usar o material apreendido, mesmo antes da sentença.

Ainda no governo FHC, até 2001, além das leis de combate à lavagem de dinheiro, foram criadas as de monitoramento eletrônico, interceptação de voz, de dados e de documentos; de proteção a vítimas e testemunhas; de combate à corrupção eleitoral; e de meios operacionais para investigação de organizações criminosas através de escutas ambientais e infiltração.

CAPÍTULO 9
Louco por dinheiro

A eleição de Fernando Henrique Cardoso consolidou um novo pacto social-liberal. O presidente incorporaria as visões da política de terceira via e da governança progressista, que acadêmicos passaram a chamar de "nova esquerda". FHC se ajustou ao discurso da globalização e esteve à frente de um projeto desenvolvimentista, que previa abertura de mercado e atração de investimentos externos.

Em 1996, numa de suas viagens à Europa em busca de recursos, ouviu do presidente anfitrião, Jacques Chirac, que "a maior fronteira terrestre da França é com o Brasil; 650 quilômetros entre o seu país e a Guiana (Francesa)". O bom relacionamento com Chirac – primeiro-ministro da França por duas vezes (1974-76 e 1986-88) e que estava no segundo ano de um novo mandato (1995-2007) – resultou em uma espécie de intervenção de emergência para salvar um paciente muito debilitado: a Polícia Federal. Chirac retribuiu a visita no ano seguinte, com uma comitiva de 120 pessoas. Além de ministros, parlamentares e presidentes dos 20 maiores grupos franceses, 67 diretores de pequenas e médias empresas também vieram conhecer o potencial do mercado brasileiro.

O Brasil era a décima potência econômica mundial, mas estava em 34º lugar entre os parceiros comerciais da França, que investiam aqui entre 2,5% e 3% – em 1980, chegaram a ser de 25%. O ministro das Finanças e do Comércio Exterior francês, Yves Galland, autor de um relatório sobre oportunidades de negócios entre os dois países, revelou que Chirac tentaria convencer o presidente brasileiro a assinar uma carta de intenções com o consórcio franco-alemão Sofremi (Sociedade Francesa de Exportação de Materiais, Sistemas e Serviços do Ministério do Interior) e com a Dasa (grupo Daimler-Benz) para tocar um projeto que revolucionaria a Polícia Federal.

Em 12 de março de 1997, Chirac e FHC assinaram três acordos para projetos bilaterais. Um na área de turismo, outro de intercâmbio de informações sobre segurança pública e o terceiro voltado para a Polícia Federal, cujo sentido político foi divulgado com destaque nos jornais, mas as circunstâncias para sua viabilização não se tornaram conhecidas do público. Nos bastidores, o trabalho e a dedicação de um grupo de policiais, entre eles os delegados Mauro Spósito e Celso Aparecido Soares, fizeram a diferença.

O projeto da PF foi a junção de dois programas: o de Vigilância e Proteção da Amazônia (Pró-Amazônia), de 1994, e o de Modernização Tecnológica (Promotec), criado após o acordo com a França. A Polícia Federal iria atuar de forma integrada ao Sistema de Vigilância da Amazônia, um projeto das Forças Armadas para controlar o espaço aéreo da região. Idealizado no governo José Sarney, no fim da década de 80, foi implantado a partir de 1997 e entrou em operação em julho de 2002. O programa previa a instalação de um sistema de telecomunicação, 53 delegacias e nove superintendências para reprimir na Amazônia o narcotráfico, desmatamentos, garimpos ilegais e a invasão de reservas indígenas.

Por sua vez, o Promotec visava a ampliação e a modernização das unidades operacionais e do setor técnico-científico da PF. Enquanto o Pró-Amazônia abrangia a Amazônia Legal (todos os estados da Região Norte, mais o Mato Grosso, Tocantins e grande parte do Maranhão, totalizando seis milhões de quilômetros quadrados), o Promotec atenderia ao restante do Brasil.

Especialista em Amazônia, o delegado federal Mauro Spósito foi um dos principais mentores do Pró-Amazônia. Ele chefiou o gabinete da Secretaria de Polícia Federal na gestão de Romeu Tuma, comandou a Federal no Acre e no Amazonas e a Unidade de Projetos Avançados, voltada para missões temporárias. Spósito acredita que a fama de especialista tenha origem no fato de ter visitado todos os municípios da Amazônia. Em 2000, ele coordenou a Operação Cobra, que destruiu dezenas de campos de pouso abertos na mata por traficantes instalados na fronteira da Colômbia com o Brasil. O trabalho foi comandado da Base Anzol, posto avançado montado numa balsa às margens do Rio Solimões, em Tabatinga, no Amazonas.

Já o delegado Celso Aparecido Soares foi um dos idealizadores do Programa de Modernização Tecnológica, ainda na gestão de Vicente Chelotti (1995-1999). Para Paulo Lacerda, ele é "o pai e a mãe do Promotec". Aparecido já havia desempenhado missões importantes na Federal: coordenou a segurança na visita do Papa João Paulo II, em outubro de 1991, e a de 70 estadistas, na conferência mundial Rio-92.

O estudo das resoluções e leis sobre financiamentos para a compra de material e de tecnologia destinados à polícia era o dever de casa do delegado. A primeira apresentação do trabalho foi feita para o então ministro da Justiça, Nelson Jobim. Celso Aparecido reuniu a legislação, regimentos e demonstrou a importância do financiamento para a fiscalização do meio ambiente, a preservação e a valorização da Região Amazônica.

A Divisão de Projetos, Recursos Humanos e Materiais da Coordenação de Planejamento e Modernização da PF ficou à frente do Pró-Amazônia/Promotec em 1997. O delegado Aparecido liderou a equipe formada pelos peritos Harley Ângelo de Moraes, Paulo Torres e Daelson Oliveira Viana. Foi um dos primeiros trabalhos de Daelson na Federal. Engenheiro mecânico e bacharel em direito, ele lembra que naquele período eram bem delimitadas as áreas de atuação.

– A Federal precisava melhorar sua capacidade. Nós éramos muito pobres. O mundo caminhava com a orientação de uma polícia cidadã, com provas bem construídas para fundamentar uma condenação. Faltavam ciência e tecnologia na Polícia Federal. A carência era tanta que mal tínhamos computadores e viaturas – lembra Daelson, que se aposentou em 2017.

Já Celso Aparecido, segundo Paulo Lacerda, se assemelhava a um louco naquele momento. Ele batia na porta das embaixadas em busca de financiamento para o Promotec. Os países sem condições de comprar material e tecnologia, como o Brasil, se beneficiavam do dinheiro de bancos estrangeiros. A contrapartida era a de que os produtos fossem adquiridos no país que disponibilizava os recursos. O Banco Nacional francês topou.

O acordo foi assinado em janeiro de 1998 e tinha validade de cinco anos, com renovação automática por mais três. Cabia à empresa francesa Sofremi apresentar as propostas comercial e financeira para os projetos. Já a Polícia Federal deveria emitir os pareceres técnicos sobre especificações, qualidade, adequação, preços, equipamentos e serviços. O governo francês prestaria consultoria. O valor inicial do acordo foi de R$ 425 milhões (cerca de R$ 1,5 bilhão em valores de 2020). A liberação da verba, porém, ainda teria que atender ao detalhamento do plano sobre a utilização dos recursos.

CAPÍTULO 10
O início da virada

Diferentemente de uma empresa privada, uma agência pública tem o carimbo da burocracia. Há procedimentos necessários na contratação de serviços e compra de materiais que devem atender a normas e controles, como licitação e acompanhamento. Outra marca é a estabilidade do servidor, que só é demitido em situações muito específicas. Mas foi com a adaptação de ferramentas gerenciais do mundo privado que se avançou na administração da máquina pública a partir de 1990.

O governo Fernando Henrique Cardoso iniciou uma reforma gerencial, batizada de Nova Administração Pública, para enfrentar o mau funcionamento da máquina do Estado através de um conjunto de ações nas áreas institucional, cultural e de gestão. Ana Paula Paes, cientista social da Unicamp, lembra no livro "Por uma nova gestão pública" (Editora FGV, 2005) que a mudança cultural recebeu críticas por propor para o serviço público a lógica de mercado de enfocar o cidadão como cliente.

Professor e pesquisador de gestão na Fundação Getúlio Vargas desde 1959, Luiz Carlos Bresser-Pereira foi o escolhido por FHC para liderar a implantação da Administração Pública Gerencial. Ele participara da fundação do PSDB, em 1988, e estava à frente do Ministério da Administração Federal e da Reforma do Estado. Bresser viajou ao Reino Unido para conhecer as inovações em gestão pública e, em janeiro de 1995, apresentou o Plano Diretor da Reforma do Estado. Foram três anos de discussões e debates até sua aprovação, através de emenda constitucional.

A segurança pública seguia na contramão das ações de modernização do Estado. Plano diretor, planejamento estratégico e paradigma de gestão ainda eram termos ignorados pela polícia. Havia exceções, como o Batalhão de Operações Especiais no Rio, criado em 1978, após uma intervenção desastrada da Polícia Militar em uma rebelião no Galpão da Quinta da Boa Vista, presídio na Zona Norte da cidade, que terminou com a morte do diretor da cadeia, o major da PM Darcy Bittencourt. Em 30 de março de 1994, a tropa ganharia projeção ao invadir a fortaleza do bicheiro Castor de Andrade, em Bangu, Zona Oeste do Rio. No entanto, a boa fama do Bope sofreu um revés com o episódio do ônibus 174, em 12 de junho de 2000, quando morreram uma refém e o sequestrador – este, dentro de uma viatura da corporação. Após o caso do 174, foi elaborado o primeiro Plano Nacional de Segurança Pública. Às pressas, Fernando Henrique Cardoso pediu aos auxiliares que concluíssem o plano, que se arrastava nos gabinetes, para divulgá-lo uma semana após a tragédia no Rio.

* * *

A prioridade da Polícia Federal continuava a ser o combate ao narcotráfico. Embora os policiais apresentassem bons resultados, com a apreensão de toneladas de drogas e o confisco de bens, as condições de trabalho, incluindo a estrutura das sedes, ainda eram precárias. Por conta disso, a necessidade de gestores capacitados se tornava, cada vez mais, uma exigência.

O delegado Celso Aparecido, que estava à frente do Programa Pró-Amazônia/Promotec, fora exonerado, acusado de participar de um esquema de venda de portes de armas em Goiás e Brasília entre 1998 e 1999. Segundo a Divisão de Disciplina (DID) da Corregedoria da PF, além de Celso, outros seis delegados assinavam atestados frios para liberar o porte. Quatro agentes e dois escrivães integravam o grupo. A DID recomendou a cassação da aposentadoria de um delegado, a demissão de um agente e a suspensão do restante do grupo.

A revista "Época" revelou em 2001 que o diretor-geral Agílio Monteiro protelava em punir os subordinados. Entre eles, Geraldo Jacyntho de Almeida Júnior, coordenador de Planejamento e Modernização, e Celso Aparecido. O pai do Promotec pediu para sair do cargo após o parecer da corregedoria. Contudo, o papel de Celso Aparecido na modernização da PF é reconhecido por quem participou do programa de reaparelhamento da instituição: "Foi a concretização de um sonho de dez anos que o Dr. Celso Aparecido Soares vinha acalentando", registrou Agílio Monteiro, num balanço dos dois anos de sua gestão, publicado em junho de 2001 na revista "Prisma", da Associação Nacional dos Delegados.

O escolhido por Agílio para dar sequência ao programa foi o delegado José Francisco Mallmann. Ele nasceu em Porto Alegre, em 4 de abril de 1949, dia da fundação do Internacional, clube em que jogou nas categorias de base. Apesar da coincidência, seu time do coração sempre foi o Grêmio, mas ainda hoje exibe com orgulho a carteira do Inter, emitida em 1964. Mallmann deixou o futebol e ingressou na Polícia Federal como agente em 1972, aos 23 anos. Graduou-se em direito pela Federal do Rio Grande do Sul em 1978. No ano seguinte, foi aprovado no concurso de delegado e trabalhou em São Paulo até 1983. De volta às terras gaúchas em 1995, foi convidado pelo diretor-geral Vicente Chelotti para comandar a Federal em Roraima. Ficou dois anos por lá e depois assumiu a Superintendência Regional do Mato Grosso do Sul, onde se destacou no combate ao tráfico: apreendeu e incinerou mais de 20 toneladas de drogas. Quando chegou naquele estado, encontrou em péssimas condições a sede e as demais unidades sob seu comando (Corumbá, Dourados, Naviraí, Ponta Porã e Três Lagoas).

– Só como exemplo, um dos elevadores da superintendência não funcionava há dez anos. Rachaduras no porão comprometiam a estrutura do imóvel. O sistema elétrico não permitia a instalação de ar-condicionado e a carceragem era precária – lembra Mallmann.

Ele logo iniciaria uma cruzada por verbas. Fez inúmeros projetos – e pedidos – encaminhados a seus superiores em Brasília e obteve algum êxito. As unidades voltadas à repressão ao tráfico eram o carro-chefe da Polícia Federal. O Mato Grosso do Sul tem fronteiras com a Bolívia e o

Paraguai, países produtores de cocaína e maconha. Até hoje, o estado responde por cerca de 60% da apreensão de drogas no Brasil.

A boa gestão de José Mallmann chamou a atenção. Ramez Tebet (PMDB), senador pelo Mato Grosso do Sul, ligou para ele na tarde de 21 de junho de 1999 e disse que gostaria de indicá-lo para ser diretor-geral da PF. Mallmann agradeceu, mas recusou. No dia seguinte soube da nomeação do delegado Agílio Monteiro.

O novo comandante da Polícia Federal dizia que o combate ao tráfico era a "arma da PF" por ser a mais operante, ter mais iniciativa e, como consequência, dispor de mais visibilidade. Agílio criou a Coordenação-Geral de Prevenção e Repressão a Entorpecentes e convidou Getúlio Bezerra, que fez carreira enfrentando este tipo de crime, para ser o coordenador.

Em seus primeiros dias como diretor-geral, Agílio foi a Campo Grande inaugurar a reforma da sede, feita por Mallmann, e o chamou para integrar a comissão do Plano Emergencial de Metas da Polícia Federal, formada por um superintendente de cada região. A equipe se instalou na Academia Nacional de Polícia em uma sala de aula bem equipada. O objetivo era estabelecer metas para as áreas policial, administrativa e institucional.

Os 26 anos de Mallmann na Federal foram importantes para o trabalho. Após ouvir policiais e o pessoal da área administrativa, o delegado contribuiu com 65 sugestões, quase todas aprovadas, entre elas, o resgate institucional dos valores éticos e morais da instituição. Mas teve rejeitada a sugestão de implantar um número de telefone, nos moldes do 190 da Polícia Militar, para unificar o contato com a população, já que a PF dispõe de números diferentes em cada estado.

O trabalho da comissão foi desenvolvido em tempo integral e concluído no início de julho de 1999. O plano propôs sete metas policiais, 71 administrativas e 24 institucionais. Mallmann voltou para Campo Grande com a intenção de encerrar sua gestão e se aposentar. Mas no dia seguinte o diretor-geral, Agílio Monteiro, convidou-o para coordenar os trabalhos de planejamento e modernização da Polícia Federal.

– Minha família já estava em Porto Alegre e eu querendo voltar para o Sul. A resposta deveria ser dada imediatamente. À noite, aproveitando que naquela época as ligações tinham os preços reduzidos entre meia-noite e cinco da manhã, fiquei quase quatro horas falando com minha esposa sobre o assunto. Ela perguntou se nesse cargo poderia implementar todas as propostas e ideias que tinha. Eu lhe disse que sim. Foi nesse momento que concordamos que eu deveria seguir para Brasília.

CAPÍTULO 11
Novo horizonte

A Coordenação-Geral de Planejamento e Modernização (CPLAM), que José Mallmann acabava de assumir, estava ligada diretamente à Direção-Geral da Federal e cabia a ele elaborar o orçamento e decidir as verbas usadas para investimentos. Também era de Mallmann a tarefa de aplicar recursos em equipamentos, obras, reformas, ampliações e construções. E ainda garantir o funcionamento da instituição, com o controle dos gastos com água, luz e telefone. Resumindo, tinha a dura missão de gerir a instituição.

– Era o cargo que tinha a "chave do cofre", como diziam. Minha ideia era a de permanecer por cerca de seis meses para iniciar os trabalhos e em seguida me aposentar, até porque minha família tinha ficado em Porto Alegre. Mas a ânsia de ver os projetos em andamento e as coisas acontecerem fizeram com que eu permanecesse por dois anos e meio – diz Mallmann.

O poder da caneta foi decisivo para o novo coordenador tirar do papel uma ideia em especial: o resgate dos valores da Polícia Federal, compartilhando-os para ajudar a despertar o orgulho e o compromisso do policial com a instituição. O juramento e os preceitos éticos formariam a base do servidor da Federal. Mallmann já havia sugerido algumas ações nesta linha ainda na gestão de Vicente Chelotti (1995-1999), mas as propostas ficaram em alguma gaveta.

O projeto "Polícia Federal – Seus valores, sua essência" previa a produção e distribuição de um CD com os significados dos símbolos e dos valores da instituição. Ainda como superintendente em Mato Grosso do Sul, o delegado conseguiu o telefone de Cid Moreira, ex-apresentador do "Jornal Nacional". Entrou em contato com ele e foi convidado a ir ao Rio de Janeiro, onde Cid morava. Ao chegar à sua casa, em um condomínio na Barra da Tijuca, o apresentador o recebeu com o bordão "olha o Mister M aí!", uma brincadeira por conta da roupa do delegado: terno, camisa e gravata pretos, mesmo figurino do personagem Mister M, o mágico que fazia sucesso no "Fantástico" com um quadro em que revelava o segredo de truques famosos – e cuja locução era de Cid.

Na época, o apresentador cobrava pela narração de cada minuto R$ 3 mil (cerca de R$ 10 mil em valores de 2020), mas Cid abriu mão do cachê entendendo que o objetivo não era comercial: o CD seria distribuído a policiais e autoridades ligados à instituição. A única despesa, o trabalho dos técnicos de som e de mixagem, foi paga pela Associação Nacional dos Delegados de Polícia Federal, sob a forma de doação.

O próprio Cid Moreira telefonou e explicou o projeto para Jonas Suassuna, dono da produtora Videolar, para fabricar os CDs. Em 1988, Suassuna teve o filho Caio sequestrado com apenas dois meses de vida. A avó materna do bebê era amiga do então diretor-geral, Romeu Tuma. O chefe da Delegacia de Ordem Política e Social (Dops) no Rio, delegado Ronaldo Joppert, e três agentes passaram a noite no apartamento da família intermediando as negociações com os sequestradores. O bebê foi deixado num viaduto dentro de um saco e resgatado pelos policiais federais. Até como uma forma de retribuição, a Videolar também nada cobrou pelos dois mil CDs que produziu.

Quase duas décadas depois, Jonas Suassuna seria investigado na Operação Lava Jato por ter sociedade na empresa Gamecorp com Fábio Luís Lula da Silva, o Lulinha, filho do presidente Lula. A suspeita era a de que R$ 132 milhões (R$ 243 milhões em valores de 2020) foram depositados na conta da empresa de Lulinha como propina para Lula por suposto benefício ao grupo de telecomunicações pela Oi/Telemar. Suassuna teve ainda seu nome envolvido com o de Lula por ser um dos sócios do sítio de

Atibaia, frequentado pelo ex-presidente, que seria o verdadeiro dono da propriedade.

* * *

Os recursos do Pró-Amazônia/Promotec dependiam de um planejamento estratégico para serem liberados. José Mallmann mobilizou um grupo de servidores – administrativos, papiloscopistas, escrivães, agentes, peritos e delegados – para elaborar um plano de seis anos (2000 a 2005). Com a família no Rio Grande do Sul, Mallmann trabalhava inclusive sábado e domingo na Academia Nacional de Polícia. O objetivo era concluir os trabalhos em pouco mais de três meses, até o fim de 1999.

A condução do processo teve o apoio da consultoria Brainstorming Assessoria de Planejamento e Informática, sob a orientação de Raul José dos Santos Grumbach, mestre em ciências navais, autor do livro "Prospectiva – A chave para o planejamento estratégico" (Editora Catau, 1997) e que prestara consultoria à Marinha. A metodologia estimulava o debate e a apresentação de sugestões do grupo para modificar procedimentos e processos ineficientes. O plano foi concluído em dezembro de 1999.

A missão da PF foi assim definida: "Manter a lei e a ordem para preservação da segurança pública, no Estado Democrático de Direito, cumprindo as atribuições constitucionais e infraconstitucionais, mediante estratégias, no exercício das funções de polícia administrativa e judiciária".

Olhando para o horizonte, a visão da instituição (aonde chegar) foi construída nestes termos: "Tornar a Polícia Federal uma referência mundial em segurança pública para, no cumprimento de suas atribuições, garantir a manutenção da lei e da ordem interna e externa, em cooperação com os estados soberanos, como valores fundamentais da dignidade humana".

O trabalho foi desdobrado num plano de metas anual, com indicadores de desempenho e detalhamento de cada alvo policial, administrativo e institucional. A ação a ser desenvolvida incluía nome do responsável pela execução, ordem de prioridade, estimativa de custos e tempo de execução, classificado em curto (90 dias), médio (180) e longo prazos.

Com o planejamento estratégico finalizado, a Polícia Federal recebeu uma pequena parcela do Pró-Amazônia/Promotec, de R$ 10 milhões (R$ 29 milhões em 2020), ainda na gestão Agílio Monteiro, no fim do governo FHC, em 2001. O dinheiro foi usado na reforma da Academia Nacional de Polícia e na ampliação das instalações do Comando de Operações Táticas, que ganhou um moderno estande de tiro. Os recursos ainda permitiram a compra de laptops e impressoras.

***

Agílio Monteiro não gosta de se pronunciar publicamente. Segundo Mallmann, "o doutor Agílio sempre foi avesso a entrevistas. Ele sempre dizia 'o que eu ganho com isso? Uma resvalada e estou defenestrado'". Na entrevista concedida à revista "Prisma", em junho de 2001, o então diretor-geral avaliava que atendera a quase todas as metas propostas no Plano Emergencial.

Na gestão de Agílio Monteiro, com Mallmann à frente da Coordenação de Planejamento e Modernização e Getúlio Bezerra na Coordenação de Prevenção e Repressão a Entorpecentes, o volume médio anual de apreensão de drogas alcançou um total seis vezes maior que em anos anteriores. Em 26 de junho de 2001, Dia Nacional Antidrogas, foram incineradas 140 toneladas de entorpecentes em Cubatão, São Paulo. O material fora apreendido ao longo de um ano, principalmente pelas superintendências do Mato Grosso do Sul e de São Paulo. Era a maior incineração do gênero de todos os tempos e passou a constar do "Guinness Book", o livro dos recordes.

O apoio da DEA, o departamento de narcóticos americano, foi fundamental. O que difere a Federal das polícias judiciárias estaduais na investigação contra o tráfico é a transnacionalidade do crime. Em 1997, os Estados Unidos assinaram um acordo de cooperação com o Brasil prevendo "intercâmbio de informações". O governo norte-americano injetou dinheiro em projetos da Polícia Federal de combate ao narcotráfico. Uma apostila de 28 páginas usada em cursos para policiais brasileiros promovidos pela DEA, divulgada pela "Folha de S. Paulo" em 26 de novembro de 2000, apontava que o crescimento do tráfico no Brasil se devia à dificuldade de implementação das leis, à corrupção e à apatia política.

O aumento de apreensão de drogas, de 28 para 170 toneladas por ano, foi o maior feito no campo operacional. Na área administrativa, a grande conquista tinha sido a isonomia salarial: até então, policiais com o mesmo cargo recebiam valores diferentes. Isso porque a Gratificação de Operações Especiais (GOE) concedida em 1979 aos policiais por dedicação exclusiva e riscos correspondia a 60% do vencimento-base. Mas a partir de 1996, os policiais que ingressavam na Federal deixaram de receber a GOE, mesmo depois de chegar à classe especial, a última fase da carreira.

A distorção era tão grande que os peritos criminais mais antigos recebiam cerca de R$ 4.500 (cerca de R$ 15 mil em valores de 2020), enquanto os novos ganhavam R$ 700, quase sete vezes menos. A dificuldade de pagar aluguel levou servidores a morar com os cães, literalmente. Segundo o perito criminal Daelson Viana, o canil da Federal tinha alojamentos para policiais e muitos ficaram um bom período dormindo perto dos cachorros. A Federação Nacional dos Policiais Federais entrou com uma ação para que a gratificação fosse paga a todo o efetivo. O diretor-geral, Agílio Monteiro, se antecipou à decisão judicial e o presidente FHC estendeu o benefício em dezembro de 1999, por meio de medida provisória.

No nível institucional, o destaque foi o resgate dos valores da Federal, abrilhantado com o CD na voz de Cid Moreira, lançado em 16 de novembro de 1999, no 35º aniversário da instituição. Duas semanas depois, no 3º Congresso Nacional dos Delegados de Polícia Federal, em Salvador, Mallmann foi muito festejado pela iniciativa. Entre os delegados que o cumprimentaram estava Alciomar Goersch, que atuava em Itajaí/SC e com quem trabalhara em Santo Ângelo/RS. Mallmann convidou Goersch a integrar a Coordenação de Planejamento e Modernização em Brasília –

mais tarde, ele o substituiria, tornando-se o principal gestor dos recursos do Pró-Amazônia/Promotec.

Em 21 de abril de 2000, na comemoração do Dia do Policial Federal, foram afixados painéis nas unidades da PF, contendo os símbolos, valores éticos e morais, como uma forma de despertar constante reflexão ao exercício da profissão.

José Francisco Mallmann também foi responsável pela padronização gráfica e arquitetônica da Federal, desde as instalações dos prédios até uma das principais marcas da Polícia Federal: os adesivos estampados nas viaturas com o nome e o brasão da instituição. Fã de Fórmula-1, ele se inspirou nos carros da lendária equipe Lotus para criar o design que combina preto e dourado.

CAPÍTULO 12
Comunicação, o patinho feio

Na virada do século, havia claramente um sentimento por mudanças. O desgaste dos dois mandatos de Fernando Henrique Cardoso indicava a possibilidade de o sindicalista Luiz Inácio Lula da Silva derrotar José Serra, candidato da situação, na disputa pela Presidência. Apesar de dúvidas sobre os impactos das eleições na Federal, os policiais envolvidos na elaboração do planejamento estratégico plurianual avaliavam que o trabalho era republicano e, portanto, não importaria quem vencesse as eleições.

Em abril de 2002, com a saída de Agílio Monteiro da direção-geral para concorrer a deputado federal pelo PSDB, José Francisco Mallmann deixou o cargo de coordenador-geral e, finalmente, alcançou a almejada aposentadoria. Mas descansou apenas seis meses. No ano seguinte, Mallmann seria convidado a retornar à ativa para assumir a Superintendência Regional de Roraima. Dois anos depois voltou para perto da família, à frente da Superintendência do Rio Grande do Sul, e comandou a Secretaria de Segurança Pública daquele estado entre 2007 e 2009.

O substituto de Agílio Monteiro foi o delegado Itanor Neves Carneiro. Ele, porém, se aposentou após três meses no cargo. Aos jornais disse que saía em solidariedade ao ministro da Justiça, Miguel Reale Jr., que também permaneceu pelo mesmo período. Mas fontes da PF revelaram ao "Estadão", em 9 de julho de 2002, que Itanor saiu em decorrência das dívidas da Federal. O atraso nos repasses do governo resultou em cortes de telefones, luz e água. Já Reale Jr. pediu demissão após o recuo de Fernando Henrique em intervir no Espírito Santo, onde o poder público estava comprometido com o crime organizado, segundo denúncias da OAB.

A curta gestão de Itanor Carneiro foi marcada pela polêmica diligência na empresa Lunus, que tinha como sócio Jorge Murad, marido da então governadora do Maranhão, Roseana Sarney (PFL), e virtual candidata à presidência da República. Em 1º de março de 2002, a Polícia Federal encontrou na empresa R$ 1,34 milhão em espécie (cerca de 3,8 milhões em valores de 2020). A foto da apreensão teve grande destaque na imprensa.

No dia seguinte à batida, o "Jornal do Brasil" revelou que o delegado Paulo Tarso Gomes, coordenador da Operação Lunus, enviou ao Palácio da Alvorada um fax do escritório vasculhado para informar do sucesso da missão a Fernando Henrique Cardoso. O repórter Leandro Fortes conseguiu comprovar pelos números dos telefones. A assessoria de imprensa da PF chegou a apresentar um fax falso para contestar a reportagem. O STF arquivou o processo contra Roseana Sarney por falta de provas um ano depois, mas diante da repercussão do caso, a filha do ex-presidente José Sarney desistiu da candidatura.

O delegado Armando de Assis Possa, que fora superintendente no Espírito Santo e esteve à frente da Diretoria de Polícia Judiciária, assumiu a direção-geral em 10 de julho de 2002. Ele deu continuidade à gestão de Agílio Monteiro – que não se elegeu deputado federal. As mudanças na PF seguiam a todo vapor e o clima interno era de entusiasmo. Uma das metas era vencer a cultura de aversão à comunicação. O setor encarregado de se relacionar com a imprensa sempre foi o patinho feio da instituição.

Quem chefiou a Comunicação nos três anos anteriores, na gestão Agílio Monteiro, foi a delegada Viviane Rosa. Ela ingressou na corporação em 1986, como censora, cargo criado no regime militar para controlar o conteúdo de jornais, livros e de diversões públicas (cinema, teatro e música). A Federal chegou a ter em seus quadros 180 censores. Com a Constituição de 1988 e o fim da censura, o cargo foi extinto. Por ser função de nível superior, quem possuía graduação jurídica se tornou delegado e quem tinha outra formação foi reposicionado como perito.

Uma ex-censora chefiar a Comunicação de um órgão público em um país democrático era inconcebível. Não só os jornalistas como os próprios integrantes da Federal sabiam que a intenção da nomeação de uma censora de carreira era manter a imprensa longe dali.

Armando Possa buscava alguém nos quadros da PF para substituir Viviane. Gostava do perfil de Reinaldo de Almeida, que comandara a assessoria parlamentar da Polícia Federal no Congresso e estava no Núcleo de Inteligência em Florianópolis. Reinaldo relutou em aceitar o convite. Primeiro, porque não era formado em comunicação e segundo, pela função em si, numa instituição historicamente avessa ao relacionamento com a mídia.

– A PF era muito fechada. Como Armando Possa iria permanecer pouco tempo por lá, porque haveria mudança de governo, eu falei que não deveria ficar formalmente no cargo.

Reinaldo chegou a brincar com o comandante da Federal ao aceitar o convite: "Vou tentar fazer um projeto do tipo dez ações em cem dias". Uma de suas primeiras medidas foi reformar o auditório onde, na ditadura, censores avaliavam filmes. O lugar passou a ser usado para reuniões com os representantes das áreas de comunicação nos estados e também com os superintendentes. O objetivo era sensibilizá-los sobre a importância da comunicação institucional.

Outra iniciativa, não menos simbólica, tinha forte apelo afetivo: o auditório foi batizado com o nome do delegado federal Alcioni Serafim de Santana, que trabalhou na Correição da Superintendência de São Paulo. Em 27 de maio de 1998, ele saía de casa com a mulher, na Vila Mazzei, na Zona Norte, quando foi morto com quatro tiros disparados por dois homens. Aos 42 anos e há 23 na PF, Alcioni investigava policiais civis e federais suspeitos de praticarem extorsão. Um deles era o delegado federal Carlos Leonel da Silva Cruz, mais tarde condenado como mandante da execução. Alcioni, que também trabalhou na investigação do Caso PC Farias, teve o retrato exposto na Academia Nacional de Polícia, na Galeria de Heróis da Polícia Federal.

– Comecei a imaginar como a Polícia Federal poderia interagir com a sociedade e com os veículos de comunicação. Havia normas que impediam delegados de dar entrevistas – conta Reinaldo.

A Federal se escudava da mídia num mar de burocracia. Uma simples solicitação da imprensa tinha que ser agendada. Se a informação era sobre algum setor da PF, o jornalista nem conseguia chegar perto. A proatividade era desestimulada. O cenário começou a mudar com Reinaldo de Almeida. Ele não tinha medo dos jornalistas, era articulado e, aos poucos, foi abrindo as portas para a imprensa. Outra de suas iniciativas visava a comunicação interna. Durante o pouco tempo em que ficou à frente da Comunicação, ele lançou a "Polícia Federal em revista", que teve uma única edição.

– Era natural que houvesse resistência para estruturar a comunicação nos estados. Até então, ninguém queria se expor, porque era outra geração, com outra cultura. Os representantes regionais tinham uma atividade quase burocrática. Sistematizamos e colaboramos com uma política de comunicação social – diz Reinaldo.

O delegado passou a visitar jornais, rádios e TVs, e a se relacionar com os chamados setoristas, repórteres que cobriam o Ministério da Justiça e a Polícia Federal. Reinaldo chamava o colega responsável pela Comunicação do Rio, de São Paulo e dos demais estados, geralmente um agente, e iam juntos às redações.

A figura do porta-voz da Federal surgiu nessa época, com o início das grandes operações. A Vassourinha, que em setembro de 2002 prendeu autoridades envolvidas com fraudes em licitações em Pernambuco, foi a primeira a ter porta-voz: o próprio Reinaldo. O interesse da imprensa na operação foi despertado pelo uso inédito da Força Área Brasileira, que cedeu dois aviões Hércules para transportar policiais.

– Era uma operação delicada. Envolvia um delegado e agentes que seriam presos. Em uma reunião, foi decidido que eu iria junto porque se imaginava que haveria uma repercussão grande, como aconteceu – lembra Reinaldo.

CAPÍTULO 13
Recaída

O Brasil estava em clima de eleições. Era véspera do feriado de Sete de Setembro de 2002 e repercutia na imprensa o anúncio de um empréstimo do Fundo Monetário Internacional para reduzir a crise de confiança gerada pelo cenário eleitoral. O presidente Fernando Henrique Cardoso agendara um coquetel para agradar aos integrantes das Forças Armadas: gastou R$ 8 mil (R$ 22 mil em valores de 2020) com aperitivos, queijos e vinhos oferecidos no quartel central do Exército, em Brasília, após o desfile do Sete de Setembro. A intenção era deixar uma boa impressão antes de passar a faixa presidencial.

Distante do centro político, parte da população do Rio desfrutava de extensa oferta de lazer naquela sexta-feira: o filme "Triplo X" estreava nos cinemas cariocas. No teatro, "Socorro, mamãe foi embora", escrita pelo novelista Benedito Ruy Barbosa, era encenada pela primeira vez no ATL Hall, na Barra da Tijuca.

Na quinta-feira, véspera do feriado, a Praça Mauá, no Centro, atraía pessoas de todos os cantos da cidade, especialmente à noite. Bares e boates como a tradicional Flórida, inaugurada em 1969, com garotas de programa e travestis – que também se oferecem nas calçadas –, ajudavam a distrair marinheiros, turistas e trabalhadores em geral.

Após dar duro o dia inteiro, "arribar" do plantão quando o período noturno chegava era uma opção para fazer o tempo passar. Pouco depois da meia-noite, Gustavo Frederico Mayer Moreira, agente da Polícia Federal, comunicou ao delegado que sairia para fazer um lanche. Caminhou cerca de 600 metros da sede, na Praça Mauá, até um bar.

Próximo dali, os primos Márcio Gomes Siqueira, office-boy, de 21 anos, Samuel Dias Cerqueira, auxiliar de escritório e um ano mais velho, e Antônio Gonçalves de Abreu, de 35, auxiliar de cozinha, tinham acabado de sair de uma boate e voltariam para suas casas, em Jacarepaguá, na Zona Oeste. Por volta de duas da manhã cruzaram com duas travestis na esquina das avenidas Rio Branco e Marechal Floriano.

A beleza de uma delas, Laíssa, despertou Antônio, e os três amigos caminharam ao lado das travestis, negociando o valor de um programa, até a altura do número 82 da Rua Teófilo Otoni. A indefinição no acerto do preço deu início a uma discussão que descambou para a agressão. A confusão chamou a atenção do policial federal Gustavo Mayer, que se meteu no meio para defender as travestis.

A tensão aumentou, o policial foi xingado e partiu pra cima dos três homens. Armado com uma pistola ponto 40, acertou Sandro e Márcio, mas no meio da briga a arma caiu. De uso restrito das Forças Armadas, com 16 projéteis no carregador e um na agulha, a pistola foi pega por um dos homens, que disparou sete vezes. Dois tiros atingiram o policial na coxa e os outros cinco nas costas – um na altura do ombro, outro na coluna cervical, dois na região lombar e mais um na nádega. Gustavo Mayer ficou estirado no chão.

Assustados, os três amigos correram para o Hospital Souza Aguiar, no Centro, a cinco minutos dali, já que dois deles também estavam baleados. Quase ao mesmo tempo, alertados pelos tiros, policiais federais chegaram ao local e ficaram chocados ao ver o colega no chão. Ainda o levaram ao hospital, o mesmo Souza Aguiar, mas não houve tempo: o agente chegou morto à emergência.

Gustavo Mayer tinha 37 anos, praticava artes marciais e gostava de cantar em bares nas folgas. Na PF, foi escalado para missões como a escolta da deputada Laura Carneiro (PFL/RJ) e fez parte da segurança da CPI do Narcotráfico, numa viagem de parlamentares ao Acre para colher depoimentos, em agosto de 1999.

No Souza Aguiar, Márcio, Samuel e Antônio foram reconhecidos. Um agente convenceu testemunhas a identificá-los. Um motorista de táxi contou que os três tinham roubado seu carro para ir ao hospital. Eles foram presos em flagrante e conduzidos à sede da Federal.

Na véspera, o agente federal Ronaldo Pires Argoeiro, da delegacia de Nova Iguaçu, sofrera uma emboscada na porta de casa quando retornava do trabalho, por volta das 21h40. Foi baleado no pescoço, no braço e na axila. Não resistiu aos ferimentos.

Apesar dos esforços do delegado Reinaldo de Almeida para implantar uma política de comunicação transparente, a versão apresentada por Silvio Pinho, assessor de Comunicação da Federal no Rio, era a de que Gustavo Mayer fora atacado por criminosos e sacou a arma por temer ser identificado como policial. Embora dois casos de assassinatos seguidos de policiais federais fossem sinais de alerta, tudo apontava para fatos sem relação um com o outro.

O clima era pesado dentro e fora da sede da PF. No fim da madrugada, uma ventania, seguida de fortes chuvas, castigou vários bairros do Rio de Janeiro. Rajadas de até 126 km/h provocaram quedas de árvores. Os aeroportos Antônio Carlos Jobim e Santos Dumont fecharam por duas horas no início da manhã. As barcas pararam e o tráfego na Ponte Rio-Niterói ficou interrompido.

Em Brasília, a tradicional parada de Sete de Setembro começaria às 7h50. A Presidência da República anunciara um evento mais modesto em decorrência do corte no orçamento das Forças Armadas. Não haveria a famosa exibição de caças da FAB e menos de 1.500 militares desfilariam, com apenas um tanque Urutu e quatro carros de combate. Já na capital fluminense, o forte temporal abalou as estruturas das arquibancadas e do palanque das autoridades, montados na Avenida Presidente Vargas, e a parada teve que ser cancelada.

Na sede da Polícia Federal, na Praça Mauá, Sandro, Márcio e Antônio aguardavam a transferência para um presídio estadual. A carceragem havia sido desativada em 2000, após uma sucessão de escândalos, entre eles, fugas e detentos com livre acesso a celulares e a encontros íntimos. Uma sala improvisada foi usada para mantê-los presos.

Mas em vez de efetuarem logo a transferência, os policiais decidiram vingar a morte do colega. Dos três, Antônio era o mais forte, com ombros largos e abdômen definido. Márcio era magro, de altura mediana, mais baixo que Samuel. As agressões aos três começaram ainda no fim da madrugada e se estenderam até pouco depois do meio-dia. Antônio, o único que não havia sido baleado, foi quem mais apanhou.

Às 12h53, o delegado de plantão telefonou para o Corpo de Bombeiros informando que um dos presos sofrera um "mal súbito". Às 13h, a equipe de emergência chegou à sede da PF. A cena era assustadora: o oficial médico, 1º tenente Francisco Alves Gabriel, constatou o coma de Antônio. Ele tinha escoriações, hematomas por todo o corpo e múltiplas fraturas. Com afundamento no peito, lesões na barriga, traumatismo no crânio e sangramento no ouvido, estava irreconhecível, com o rosto completamente desfigurado. Os bombeiros o removeram para o Hospital Souza Aguiar.

A partir dali os policiais começaram a forjar um boletim de ocorrência, no qual registraram uma briga entre os três presos. Samuel e Márcio foram forçados a assinar. Naquele mesmo momento o hospital divulgava o boletim produzido pelo neurocirurgião Renato Lino: "Paciente grave, em coma profundo, sem reação aos estímulos; hematomas de face e região frontal".

Os dois presos foram encaminhados ao Presídio Ary Franco, em Água Santa. A transferência ocorreu pouco antes das 19h. Márcio estava muito machucado e, na manhã seguinte, foi levado ao Hospital Penitenciário, no complexo de Bangu. Antônio não saiu do coma: às 13h40 do sábado, 8 de setembro, a médica Claudia Marcia Loureiro atestou sua morte.

No Instituto Médico Legal, a necropsia no corpo também foi feita com base em relatos e documentos produzidos na sede da Federal. Não houve abertura do tórax, um procedimento corriqueiro para detectar lesões internas. Na certidão de óbito, constava como *causa mortis* ação contundente que provocou "traumatismo de cabeça, fratura de crânio e hemorragia extradural e subdural".

Os fatos relatados estão na decisão judicial do habeas corpus 214884 RJ 2011/0180690-4, do delegado federal Marcelo Duval Soares, chefe do plantão em que Antônio foi torturado; na denúncia do Ministério Público Federal; no relatório final da CPI da Tortura e Maus-Tratos Praticados por Agentes Públicos; e em matérias da imprensa e testemunhos.

* * *

Embora a orientação da Comunicação de Brasília fosse a de adotar a transparência, havia claramente uma crise de identidade interna. O repórter Sérgio Ramalho, que na época trabalhava no jornal "O Dia", foi cobrir o enterro de Antônio no dia 10 de setembro, no Cemitério do Pechincha, em Jacarepaguá. Ao chegar ao velório, o caixão estava fechado e ele pediu à família para abri-lo. Dona Antônia desmaiou diante do rosto do filho desfigurado. O fotógrafo Alexandre Brum registrou a cena, que foi estampada na capa do jornal no dia seguinte.

A reportagem questionava as notícias anteriores, que identificavam os três amigos como criminosos e que teriam brigado na sede da PF. A cobertura do caso sofreu uma reviravolta e informações divulgadas pela Federal do Rio, comandada pelo delegado Marcelo Itagiba, foram postas em xeque. Sérgio Ramalho conta que a PF chegou a fazer pressão contra o seu trabalho, com telefonemas para o comando da redação de "O Dia". Mas o editor-chefe, Sérgio Costa, e o diretor de redação, Jorge Miranda Jordão, não só bancaram as reportagens, como o tiraram da cobertura do dia a dia para que se dedicasse ao caso em tempo integral.

A série de matérias, batizada de "Morto sob custódia na PF", revelou o que de fato ocorrera nas dependências da Federal no Rio: uma farsa montada para encobrir um crime. O trabalho rendeu ao jornalista um Prêmio Esso, um dos mais importantes da imprensa brasileira. Reinaldo de Almeida, chefe da comunicação da instituição, reconheceu que o episódio foi constrangedor, mas disse ao "Estado de S. Paulo" que isso não iria "jogar por terra a credibilidade e a confiança conquistadas em 38 anos". O discurso anticrise não foi suficiente para sepultar o caso. A repercussão aumentou com a pressão dos parentes de Antônio por justiça.

A mãe dele, Antônia Gonçalves de Abreu, procurou o Grupo Tortura Nunca Mais, que mobilizou o advogado Paulo Henrique Teles Fagundes. Em 22 de novembro de 2002, o "Jornal Nacional" noticiou que o governo federal assumira a responsabilidade pela morte de Antônio. O ministro da Justiça, Paulo de Tarso, declarou que "não há por que um preso ser morto em condições cruéis nas dependências do Estado" e anunciou o pagamento de indenização à família antes mesmo do fim do inquérito.

Menos de um mês depois, em 19 de dezembro, a Federal divulgou a conclusão da investigação sobre o que ocorreu na sede. Uma nota informava que três policiais e um agente administrativo da Comunicação no Rio foram indiciados por tortura, mas não revelou seus nomes. Outros seis policiais também foram citados por omissão diante da prática de tortura e falsidade ideológica (produção de autos e boletins de ocorrência falsos).

O Grupo Tortura Nunca Mais, a ONG Justiça Global e a Comissão de Direitos Humanos da Assembleia Legislativa do Rio de Janeiro cobraram punição. A CPI da Tortura e Maus-Tratos Praticados por Agentes Públicos foi instalada na Câmara em 13 de novembro para apurar denúncias em todo o país, entre elas, casos praticados por policiais federais no Espírito Santo e o de Antônio, no Rio. A Comissão era presidida pela deputada Elcione Barbalho (PMDB-PA) e tinha como relator Helenildo Ribeiro (PSDB-AL). No total, houve 26 indiciamentos.

O Ministério Público Federal também mandou exumar o corpo de Antônio para refazer a necropsia, a cargo de peritos do IML de Brasília. A conclusão foi a de que "a intensidade e a multiplicidade de lesões cotadas com o histórico da dinâmica do evento, espancamento, permitem inferir que houve crueldade". O MPF ofereceu denúncia contra dois delegados, dois escrivães, um administrativo da Comunicação e oito agentes.

Alguns foram sentenciados por omissão na tortura – se não praticaram as lesões, deveriam tê-las evitado – e falso testemunho para acobertar o caso. Em 2006, o juiz Flávio Oliveira Lucas, da 4ª Vara Federal, não condenou ninguém pela morte do auxiliar de cozinha. À época da decisão, quatro policiais estavam presos. Não houve confissão nem fora provado quem teria torturado Antônio. O MPF recorreu e, mais de uma década depois, em 2016, o ministro Alexandre de Moraes, do STF, mandou arquivar o processo contra três acusados pela tortura. O crime prescreveu.

O advogado Paulo Henrique conta que a indenização prometida pelo ministro da Justiça não foi paga. Ele entrou com uma ação civil. Como Antônio não era casado e não tinha filhos, a mãe era a titular no processo, mas morreu um ano depois do crime. Aguida Gonçalves de Abreu, irmã de Antônio, substituiu a mãe no processo. Em 2009, a União foi condenada a pagar R$ 50 mil. O advogado recorreu e o Tribunal Regional Federal da 2ª Região aumentou o valor para R$ 80 mil. Com juros e correção monetária, a irmã de Antônio recebeu R$ 151 mil em 2017, uma década e meia depois do episódio na sede da Polícia Federal.

PARTE 2

TRANSFORMAÇÃO
Gestão estratégica
e independência
investigativa

CAPÍTULO 14
Prioridade

A vitória de Lula nas eleições de 2002 traria mudanças na política. Pela primeira vez um partido declaradamente de esquerda assumiria a Presidência da República. Esperança para alguns e tensão para outros. Para o Ministério da Justiça, Lula anunciou o criminalista e amigo Márcio Thomaz Bastos. Seus primeiros pronunciamentos sinalizavam que a gestão da pasta seria técnica, sem viés político ou partidário. Em um encontro com policiais federais, o então presidente da Federação Nacional dos Delegados, Armando Rodrigues Coelho Neto, testemunhou Lula, depois de ler o planejamento estratégico da instituição, dizer: "Esse é o plano de meu governo para a Polícia Federal".

Dois meses antes da posse de Lula, em novembro de 2002, Paulo Lacerda estava em Goiânia e recebeu um telefonema de Márcio Thomaz Bastos. "Lula me convidou para ser o ministro da Justiça, você já deve estar sabendo. E eu queria conversar um pouco sobre a Polícia Federal", disse. Na época, embora aposentado, Lacerda se mantinha ligado à Federal pelo trabalho de assessor do senador Romeu Tuma. Sua primeira reunião com Thomaz Bastos foi na sede da OAB, em Brasília. A Ordem reservara uma sala para o futuro ministro, antes do início da transição de governo. Foram três encontros. Thomaz Bastos queria de Lacerda sugestão de nomes para comandar a PF. Na última reunião, ele foi direto: formalizou o convite ao delegado aposentado. Apesar de nunca ter se candidatado ou se filiado a partido, Paulo Lacerda avaliara que assessorar um parlamentar do PFL seria um empecilho para ocupar um cargo de tanta confiança no governo petista. Além disso, ele gostava de sua função no Congresso, principalmente da ampla e diversificada estrutura de apoio ao trabalho dos parlamentares.

Lacerda se valeu desse e de outros argumentos para declinar do convite. A principal justificativa era a antiga questão de a instituição trabalhar com um orçamento muito aquém de suas necessidades. Na gestão Agílio Monteiro (1999-2002) foram feitas obras, mas os atrasos nos pagamentos das despesas fixas praticamente inviabilizaram o funcionamento de algumas unidades no último ano do governo FHC: o orçamento em 2001 havia sido cortado à metade e a suplementação de 25% do que fora orçado ainda assim ficou a léguas do que seria necessário. O dinheiro acabou em julho.

Em 2002, a penúria era tanta que a Federal não tinha como dar conta de suas necessidades básicas. As despesas com luz, água, telefone e combustível totalizavam R$ 212 milhões (R$ 563 milhões em valores de 2020, atualizado pelo IPCA), a maior parte desembolsada pelo Tesouro. A salvação veio dos R$ 54 milhões do Fundo para Aparelhamento e Operacionalização das Atividades-fim da Polícia Federal, o Funapol, criado na gestão Vicente Chelotti, em 1997. Os recursos provinham de doações, das taxas de inscrições dos concursos, de serviços e de multas cobradas no setor de imigração da PF.

As superintendências de São Paulo, Pará, Maranhão, Tocantins e Ceará tiveram o telefone cortado. A dívida total da PF com fornecedores de combustível e de alimentação para presos chegou a R$ 51 milhões. Também havia ameaças de despejo dos imóveis alugados que abrigavam as sedes regionais. Reportagem publicada no "Correio Braziliense" em 30 de janeiro de 2002, com o título "Polícia Federal à beira da falência", revelava que a situação em Brasília era igualmente crítica. O atraso no reembolso de servidores – que custeavam viagens a trabalho e recebiam os valores das diárias posteriormente – completara seis meses. Os policiais estavam, literalmente, pagando para trabalhar.

Na reportagem, o delegado federal Hélbio Dias Leite contou ter desembolsado R$ 1.500 (cerca de R$ 4.400 em valores de 2020) com alimentação e hospedagem para concluir a apuração de fraudes na extinta Superintendência de Desenvolvimento da Amazônia (Sudam). Quatro linhas telefônicas, sem pagamento há seis meses, também haviam sido cortadas em Brasília. "Usamos nossos celulares quando os telefones são cortados", disse o delegado.

* * *

O concurso público em 1993 e a equiparação aos policiais civis do Distrito Federal em 1996 não resolveram os problemas crônicos da PF. Questões estruturais só poderiam ser solucionadas com a garantia de um orçamento pleno, sem cortes. O delegado Paulo Lacerda entendia que só haveria reestruturação da Federal se a instituição se tornasse prioridade.

Márcio Thomaz Bastos interrompeu Lacerda quando ele justificava porque não iria aceitar o cargo. "Eu já conheço seu discurso. O que quero lhe dizer é o seguinte: nós vamos atender, realmente, tudo o que a Polícia Federal precisar. Inclusive, quero que você vá comigo ao presidente Lula para eu falar pra ele, na sua frente, o que você pensa. E vamos escutar o que ele vai dizer. Aí, dependendo, posso até falar para assumir ou não", propôs Thomaz Bastos.

Dias depois, o presidente Lula ouviu as ideias de Paulo Lacerda e lhe garantiu que teria as condições e o apoio necessários às mudanças na Federal. "Olha, doutor Paulo, o PT veio para mudar esse país. Você nos conhece desde quando éramos oposição e o que nós falávamos. Nós queremos uma Polícia Federal forte. Então, vai ter todo o apoio. O que vocês pedirem, nós vamos dar", garantiu Lula.

Lacerda confessa que, mesmo assim, o fiel da balança foi o futuro ministro. "Você viu o que o presidente falou. Quem vai cobrá-lo agora sou eu. Não é mais você. Estamos combinados?", disse Thomaz Bastos.

– Era uma questão de palavra. O que ele falava era mesmo para confiar – conta Lacerda, que imediatamente, ao aceitar o convite, listou suas prioridades. – Eu disse que queria ter liberdade e dinheiro para mudar a estrutura da Polícia Federal. Precisávamos abrir concurso e botar a Academia para funcionar a pleno vapor. Havia uma série de coisas que tinham que sair do papel.

O primeiro item de sua lista era a independência em relação ao governo. Lacerda disse ao ministro que a Polícia Federal iria mudar sua forma de atuar e realizar grandes operações que poderiam causar danos.

– Uma das minhas primeiras preocupações foi pensar nos problemas que uma polícia independente poderia causar. Uma delas seria prender gente do próprio governo.

Para evitar vazamentos, Lacerda propôs a Thomaz Bastos uma rotina: avisaria na véspera sempre que precisasse de um encontro pessoal. O ministro fez uma contraproposta: como a Polícia Federal se tornaria prioridade e já que estavam em início de gestão, eles teriam uma reunião diária, às 8h15, antes de qualquer compromisso da agenda do dia.

A tática seria importante para evitar vazamentos das ações da Federal dentro do governo e também ingerências políticas. Eles se reuniram diariamente nos quatro anos seguintes, período em que Thomaz Bastos esteve à frente do Ministério da Justiça. Nos raros dias em que não havia tema específico, ainda assim se encontravam e tomavam um café juntos. Para Lacerda, Márcio Thomaz Bastos foi o ministro da Justiça que mais e melhor conheceu a Polícia Federal.

Uma mudança importante começava ali: as operações policiais passaram a ser deflagradas às 6h. Como a reunião entre Lacerda e Thomaz Bastos era às 8h15, o presidente da República seria informado pelo ministro da Justiça. O presidente e a imprensa receberiam informações sobre as ações da Federal praticamente ao mesmo tempo, mas antes de Lula participar de eventos públicos.

CAPÍTULO 15
O ovo da pata

O caso da tortura e morte do auxiliar de cozinha Antônio de Abreu nas dependências da Polícia Federal do Rio, em 2002, acabou se tornando uma incômoda referência e mostrou a necessidade de uma profunda transformação. A cultura de acobertamento, o passado atrelado ao governo ditatorial e a omissão ou até mesmo a ocultação deliberada de informações à sociedade eram os maiores problemas. O órgão encarregado da censura no regime militar tentava agora uma aproximação com a imprensa e a sociedade.

Durante a fase de transição na Federal, o diretor-geral Armando Possa cedeu o gabinete para Paulo Lacerda fazer as reuniões. O então porta-voz da PF, Reinaldo de Almeida, conta que Lacerda não se mostrava muito à vontade e jamais se sentou na cadeira do diretor-geral. O gabinete era imenso, com uma mesa para 20 pessoas. E foi nesse ambiente que Lacerda convidou Reinaldo a permanecer na função de porta-voz.

As mudanças na Federal exigiriam um conjunto de medidas. Além de se tornar mais amigável à sociedade e de cortar na carne, investigando e punindo os maus policiais, a PF deveria admitir sem rodeios sua subordinação aos governos militares, resgatando as origens no Departamento Federal de Segurança Pública, em 1944.

A morte do policial, a tortura dos presos e a tentativa de acobertamento do caso no Rio foram citados por Lacerda já em sua cerimônia de posse na direção-geral, em 6 de janeiro de 2003. No primeiro trimestre daquele ano, o episódio se tornou tema de debates na Academia Nacional de Polícia.

Entre os palestrantes, havia nomes da própria PF subaproveitados. Um deles, de cabelos compridos e brincos, era François René Silva Lima, da Comunicação Institucional. Na análise dos fatos ocorridos no Rio, ele foi enfático: quando não há qualquer justificativa, a instituição deve ir a público e ser transparente. É o que internamente se chama "contenção dos danos".

– O que fazer? São episódios isolados que fogem ao controle da instituição. É preciso dizer a verdade. O que vai amenizar são os outros fatos positivos que a Polícia Federal tem aos montes e não são conhecidos pela população e pela própria imprensa – afirma.

François René estava na Academia Nacional de Polícia desde setembro de 2002, após aprovação em um concurso público para cargos temporários. Formou-se em relações públicas em Brasília, em 1979, e fez MBA em marketing na Fundação Getúlio Vargas. Ele começou a carreira assessorando deputados no Distrito Federal, entre 1993 e 1994, e lecionou em cursos de graduação e pós-graduação.

Experiência no setor público François René tinha de sobra: chefiara a Comunicação do Ministério da Educação de 1995 a 2000, e esteve à frente da Comunicação do Ministério da Ciência e Tecnologia de 2000 a 2001. Na Educação, comandada por Paulo Renato Souza, ele participou da implantação do projeto "Fala Brasil", serviço de atendimento telefônico gratuito ao cidadão para dúvidas, sugestões e críticas. Também criou o portal do MEC, um dos primeiros no serviço público.

Em seu primeiro dia, François René conta que o responsável por carimbar seu acesso à sede da instituição festejou a chegada de alguém para a Comunicação. Até então, os cargos do setor eram ocupados por delegados e não se exigia formação na área. O desabafo reverberava a percepção interna de que a PF não tinha destaque na mídia porque o Ministério Público Federal usurpava o trabalho realizado pelos policiais.

François René aproveitou os primeiros momentos na Academia para se debruçar sobre o planejamento estratégico feito três anos antes, em 1999. O material serviu de base para sua palestra, que teve grande repercussão. Paulo Lacerda o chamou para conversar.

– O que era para ser meia hora de bate-papo virou três horas de exposição do que eu tinha em mente para a Polícia Federal. No final, ele me convidou para assumir a chefia da Comunicação – conta René.

Lacerda lembra que, ao tomar posse, avisou aos jornalistas que a "caixa preta" da PF seria aberta para a imprensa e para a população. Havia, porém, uma questão burocrática. René não fazia parte dos quadros da Federal, trabalhava por meio de um contrato temporário de dois anos, que venceria em setembro de 2004. Pouco tempo para implantar um plano estruturado de comunicação, que leva ao menos três anos. A alternativa foi contratá-lo pela empresa para a qual prestava consultoria, a Informe Comunicação e Marketing, especializada em comunicação estratégica e gestão de imagem.

Em seu diagnóstico, René destacou que a associação da Polícia Federal aos governos autoritários criava um preconceito de jornalistas e formadores de opinião. Por outro lado, crescia a demanda por informações sobre o combate à corrupção e ao crime organizado. Outra constatação foi a de que grande parte da população não diferenciava a Federal das polícias Civil e Militar. Havia ainda, internamente, a tal insatisfação com o Ministério Público Federal, por colher os louros das ações. François René usa o exemplo do ovo da galinha e da pata para ilustrar o desequilíbrio entre as duas instituições no tratamento dispensado pela mídia:

– A galinha canta quando põe ovos. A pata fica calada. Embora a galinha produza muito mais ovos, o ovo da pata é de melhor qualidade. Mesmo assim, o mais conhecido e consumido é o ovo da galinha. Ela faz barulho e anuncia o produto logo que está pronto. Mas era a hora de a pata aprender a mostrar o que tem de melhor.

Outra conclusão foi a de que não seria fácil implementar uma nova política de comunicação. Especialmente para um grupo mais antigo da PF, que detinha o monopólio da divulgação de informações e se aproveitava disso para um marketing pessoal. A luta para convencer os policiais mais linha-dura sobre a importância da transparência nas informações durou quase dois anos. Houve desconfiança e resistência. Especialmente em relação a um chefe que não era policial.

CAPÍTULO 16
Orçamento antes de tudo

Cada início de governo costuma ser marcado por toda a sorte de diagnósticos. Quando há alternância no poder, o cenário pintado invariavelmente é o de críticas ao antecessor. Na sequência deste conhecido roteiro, entra em cena o argumento de que, para reparar erros da gestão anterior, é essencial a adoção de medidas drásticas. O orçamento está sempre no centro da trama.

No governo Lula não foi diferente: a meta inicial previa redução de 10% dos gastos em todos os ministérios. Com 40 dias, foi anunciado um corte no orçamento de 2003 visando atingir o superávit primário de 4,25% do Produto Interno Bruto, o total das riquezas geradas no país. Para enfrentar as dificuldades de caixa, o ministro da Fazenda, Antônio Palocci, propôs também as reformas tributária e da Previdência. O ministro do Planejamento, Guido Mantega, reforçou a necessidade de restrições orçamentárias e organizou uma reunião mensal para que cada ministério apresentasse planos de cortes nas despesas a fim de alcançar a meta estipulada.

Na primeira reunião no Ministério da Justiça, a proposta de Paulo Lacerda para a Polícia Federal foi em sentido oposto: um aumento de 105% nos gastos. Os representantes do Planejamento reagiram com espanto. Ele informou que os questionamentos deveriam ser encaminhados ao ministro da Justiça ou ao presidente da República.

A escolha de Márcio Thomaz Bastos para a Justiça representou a continuidade do planejamento estratégico elaborado pela Polícia Federal em 1999. Thomaz Bastos adotara a defesa de uma instituição republicana e do combate à corrupção como prioridade. Paulo Lacerda contava com o apoio do ministro, mas faltava convencer o restante da cúpula do governo, principalmente a equipe econômica. Uma Polícia Federal nos moldes da que estava sendo proposta exigia recursos.

Lacerda conseguiu que verbas destinadas a outras áreas fossem remanejadas para a PF. O Plano de Segurança Pública do governo Lula, apresentado em 2002 no Congresso Nacional, contou com a participação do antropólogo e cientista político Luiz Eduardo Soares. Com a vitória do petista, Soares assumiu a Secretaria Nacional de Segurança Pública (Senasp). Ele administrava um fundo criado por medida provisória em 2001 para apoiar projetos da área. Com orçamento de R$ 404 milhões (R$ 967 milhões em valores de 2020), quase 70% desse valor foi liberado. Até que em setembro o Ministério da Justiça pediu a devolução do que sobrara de recursos para destiná-los à Polícia Federal. Um mês depois, Soares pediu demissão.

Além da verba da Senasp, houve solicitação de crédito suplementar enviada ao Congresso. O jornal "Folha de S. Paulo" noticiou em 9 de outubro de 2003 que o presidente Lula teve que intervir depois da recusa de Guido Mantega em liberar o dinheiro para o Ministério da Justiça. Desde abril, Márcio Thomaz Bastos negociava mais verbas para a Polícia Federal sem ser atendido. Dos R$ 130 milhões requeridos (R$ 311 milhões em 2020), a Polícia Federal usaria 90% para pôr suas contas em dia, entre elas o pagamento a uma empresa terceirizada de informática. Sem receber, a empresa havia interrompido o trabalho, obrigando o desvio de função de 1.200 policiais para o serviço burocrático em São Paulo.

Outra fonte de recursos, o Fundo para Aparelhamento e Operacionalização das Atividades-fim da Polícia Federal (Funapol), não permitia remanejamento. Em 2003, o fundo destinou à instituição apenas 14% em comparação ao total repassado pelo Tesouro.

No primeiro ano da gestão Paulo Lacerda, os recursos para manter os serviços básicos da Federal registraram um aumento de 72,5% em relação ao ano anterior. Entre 2003 e 2007, o crescimento foi de quase 40%, suficientes para arcar com os gastos necessários ao funcionamento da instituição. O valor para investimentos que seria destinado à PF, de R$ 1,5 milhão (R$ 3,5 milhões em 2020), mais que triplicou ainda em 2003. Em 2004, os recursos atingiriam R$ 72,9 milhões (R$ 162 milhões).

A reforma e a construção de novas unidades começaram na gestão Agílio Monteiro (1999-2002). Obras em cinco unidades foram retomadas e concluídas, quatro delas em superintendências. A precariedade era tanta que em dois anos e meio Agílio fez duas vezes mais do que nos 35 anos anteriores. Oito reformas ou ampliações beneficiaram 57% das sedes da PF.

A gestão Paulo Lacerda ampliou o trabalho. Alciomar Goersch, que atuava na Coordenação de Planejamento e Gestão com o delegado José Francisco Mallmann, foi comandar a Diretoria de Administração e Logística criada por Lacerda. Goersch ingressou na instituição em 1980 e chefiou a Delegacia de Itaqui, no Rio Grande do Sul, e a Divisão de Planejamento, Projetos, Recursos Humanos e Materiais, entre 2001 e 2003. Ele conta que, entre 2003 e 2007, seis sedes próprias foram construídas e mais de uma dezena, reformada. Um dos destaques foi no Paraná, que na década seguinte se tornaria base da Operação Lava Jato. A construção da Superintendência da Polícia Federal em Curitiba custou R$ 24 milhões (R$ 48,5 milhões em 2020). Já em Foz do Iguaçu foi construída a maior delegacia do país.

Houve investimento também em armamento. Um estudo apontou a pistola calibre 9mm da austríaca Glock como a mais adequada ao policial federal. Segundo Alciomar Goersch, a arma era leve e segura, com três posições de travamento e o sistema *safe action* – que permite destravar a arma sem tirar o dedo do gatilho. Na Federal desde 1997 – e presidente do sindicato dos servidores da instituição entre 2015 e 2018 –, Luiz Carlos Cavalcante conta que "os policiais atravessavam a fronteira com o Paraguai para comprar armas mais baratas e trabalhar com um mínimo de decência".

O contrato com o escritório da Glock em Montevidéu, no Uruguai, foi assinado em dezembro de 2005. A Polícia Federal comprou cinco mil pistolas pelo valor de R$ 5,1 milhões (R$ 11,2 milhões em 2020). A entrega começou em 2006. No ano seguinte, outras sete mil pistolas foram adquiridas para cumprir a meta de uma pistola 9mm para cada policial.

CAPÍTULO 17
Estrutura e inteligência

A modernização das leis para combater a corrupção e a nova estrutura da Polícia Federal trouxeram bons resultados à área operacional. As condições estavam postas para a prática de uma nova forma de investigação criminal no país.

Entre março de 2000 e dezembro de 2001, ainda na gestão de Agílio Monteiro, o delegado Zulmar Pimentel respondeu pela Superintendência de Pernambuco e depois ficou dois meses à frente da Coordenadoria-Geral de Recrutamento e Seleção da Academia Nacional de Polícia. Neste período, apresentou uma nova metodologia de investigação baseada em suas mais de duas décadas de experiência. O material virou um manual detalhado. Cada ação e procedimento estavam descritos de forma esmiuçada, a fim de sistematizar as operações.

No fim de 2002, Zulmar Pimentel comandou a Diretoria de Polícia Judiciária, rebatizada, a partir de 2003, de Diretoria-Executiva, já na gestão de Paulo Lacerda. Era a área encarregada de comandar as megaoperações. Lacerda e Zulmar se conheciam desde a década de 1980. Atuaram juntos em delegacias regionais e no Caso PC Farias.

– Em 2003, já tínhamos a expertise das operações. A reorganização administrativa foi muito importante com a criação das diretorias, que davam mais poderes para os responsáveis – conta Zulmar.

Lacerda modificou a estrutura da Federal com a criação de cargos de direção e uma série de unidades nos estados, como as delegacias de Repressão ao Tráfico de Armas e de Repressão aos Crimes Contra o Patrimônio. Os nomes das novas áreas, a exemplo da Diretoria de Combate ao Crime Organizado, saíram da cabeça dele, que criou também sete diretorias e coordenadorias visando, sobretudo, dar dinamismo e controle às megaoperações. Se o dito diz que "duas cabeças pensam melhor que uma", na gestão do conhecimento se usa a máxima de que "várias cabeças pensam melhor que duas". Paulo Lacerda contou com uma equipe de "delegados da antiga" para mudar a forma de trabalhar da Federal.

A Coordenação de Prevenção e Repressão a Entorpecentes, de Getúlio Bezerra, ganharia status de Diretoria de Combate ao Crime Organizado, compreendendo ações contra o tráfico de armas e de entorpecentes, e de crimes ao patrimônio e de lavagem de dinheiro.

Outro item essencial foi o avanço legislativo. Até 1999, alguns juízes aplicavam a Lei Geral de Telecomunicações para o uso em investigações policiais. O material apurado não servia como prova, apenas como dados para a Inteligência. Inicialmente, as escutas telefônicas se davam no ambiente das operadoras. Só depois foi permitido realizá-las nas dependências da própria Federal. O trabalho era manual e feito individualmente. A solução veio com a instalação de uma central digital que permitia acompanhar várias ligações ao mesmo tempo.

Outra dificuldade eram os vazamentos. O superintendente em Santa Catarina, Luiz Fernando Corrêa, encomendou um sistema que indicava quem o manipulasse. Somente após autorização do juiz, a operadora redirecionava a linha a ser interceptada para o programa. O sistema, batizado de Guardião, foi desenvolvido pela Dígito Tecnologia, com supervisão de Corrêa.

Segundo reportagem da "Folha de S. Paulo" em 14 de setembro de 2009, o presidente da empresa, Geraldo Faraco, era amigo de Corrêa e o delegado teria recebido comissão, entre 2002 e 2007, com a venda do Guardião para 12 estados, Distrito Federal, quatro superintendências da PF, Procuradoria da República, uma empresa privada e até para a ONU. Os contratos foram intermediados pela Secretaria Nacional de Segurança Pública (Senasp) no período em que Corrêa esteve à frente do órgão. O delegado alegou que o Guardião era o único sistema disponível à época. Depois de 2007, um outro sistema, chamado de Sombra, foi adquirido para evitar que a PF ficasse dependente de um único fornecedor.

O monitoramento telefônico foi um avanço sem precedentes na investigação. Getúlio Bezerra conta que o Grupo de Investigações Sensíveis (Gise) teve sua criação inspirada na americana Special Investigation Unit, agência independente que apura crimes praticados por policiais. Já as bases da Polícia Federal, conhecidas como escritórios para escutas, enfrentaram resistência. Policiais desconfiavam se tratar de uma estrutura para investigar assuntos internos, com foco na banda podre da Federal.

– As superintendências não tinham estrutura para compartimentar informações, separar setores e evitar vazamentos. A do Rio era uma favela perto do que é hoje. Com a ajuda de Paulo Lacerda, imóveis confiscados pelo INSS serviram de base para nossas investigações – lembra Bezerra.

Nas bases, os policiais federais trabalhavam descaracterizados para fazer o levantamento e a análise de informações. A fase de intervenção – prisão dos investigados – ficava a cargo de outra equipe.

– Vinha o pessoal de fora para não queimar. Era uma outra cultura operacional, completamente nova. Nada de ficar dentro da delegacia com carimbo e hora para trabalhar. A gente tinha uma missão – explica Bezerra.

O sigilo impediu que todos os setores fossem abertos, acessíveis a pessoas de fora da investigação. No prédio da Polícia Federal não havia como manter esse isolamento, imprescindível na fase sigilosa da operação, para evitar vazamentos. A duração da fase preliminar de inteligência pode ser de até um ano e meio. Em casos excepcionais, um pouco mais.

A criação do Sistema Nacional de Repressão a Entorpecentes (Siren) também fez parte da aposta no trabalho de inteligência. A troca de conhecimento entre os estados começou em 2001 e se revelou fundamental, até porque o tráfico é um crime que ultrapassa fronteiras e jurisdições. Naquele ano, 74 bens do narcotráfico foram apreendidos. Em 2004, já na gestão Lacerda, o número subiu para 129. Em quatro anos, foram confiscados mais de 450 bens como equipamentos de informática, motocicletas, carros e até aeronaves.

CAPÍTULO 18
Nova geração

O perfil do policial federal passou por uma drástica mudança na virada do século. O foco no combate ao contrabando dos anos 1960 e ao tráfico de drogas nas décadas seguintes foi ampliado para dar conta dos crimes financeiros e de corrupção no início dos anos 2000.

É fato que não se estrutura uma polícia eficiente sem bons policiais e em número adequado. Nesse sentido, a um governo que não interessaria uma polícia atuante, a estratégia mais simples seria a de estrangular o quadro de pessoal, postergando a realização de concursos. Desde que o critério de recrutamento através de provas foi adotado, a partir de 1968 para motoristas, em 1969 para inspetores (que se transformariam em delegados) e em 1972 para agentes, a instituição nunca trabalhou com o efetivo suficiente. Um estudo da Fundação Getúlio Vargas, de 1972, apontava um déficit de 20 mil policiais federais naquele momento.

Na virada para o século 21, o aumento do quadro de pessoal, especialmente de profissionais qualificados, era de extrema necessidade. Mesmo com a abertura do concurso para nível superior em 1996 e a entrada de mais servidores, o número de policiais se manteve estável de 1999 a 2002. No último ano do governo Fernando Henrique Cardoso o efetivo era de 7.351 servidores. No segundo mandato de FHC, houve um incremento de apenas 300 homens, menos de 5% do total.

De 2003 a 2007, o crescimento deu um salto de 44%, chegando a 10.526 servidores. Os números constam dos relatórios anuais da Polícia Federal entre 2002 e 2008, elaborados pelo então coordenador-geral de Planejamento e Modernização, José Francisco Mallmann. Os dados a partir de 2009 não estão disponíveis. Segundo o assessor de comunicação da Superintendência do Rio, delegado Wilson Rocha, "a Divisão de Comunicação Social está tratando como assunto interno". Só com base na Lei de Acesso à Informação é que foi repassado o número de cargos ocupados: em maio de 2019, o efetivo somava 13.406 servidores ativos. Desse total, cerca de 20% eram da área administrativa, que dão suporte à atividade do policial.

* * *

Outra inovação na gestão de Márcio Thomaz Bastos e Paulo Lacerda foi o concurso para a área administrativa, em 2004. Até então, o pessoal da logística e de outros serviços burocráticos, como a organização dos documentos funcionais dos policiais, era terceirizado. Além de administradores, foram aprovados assistentes sociais, contadores, médicos, psicólogos, jornalistas, filósofos e cientistas sociais.

Na atividade-fim, o recrutamento ajustava o foco para o novo direcionamento de combate ao crime de colarinho branco. As megaoperações, que se intensificariam desde então, demandavam um efetivo maior para as forças-tarefas, sem desfalcar as demais. A exigência de nível superior e os bons salários atraíram estudantes profissionais, conhecidos como concurseiros, em busca de estabilidade. Isso alterou o perfil dos policiais, que se tornaram menos operacionais. A aptidão para esse tipo de policial mais combativo passou a ser secundária.

Há relatos de policiais que entravam em desespero quando convocados para operações de risco. O agente Sandro Araújo conta que ia a áreas controladas pelo tráfico para entregar uma intimação ou cumprir mandados. No livro "Federal – Uma história de polícia" (Editora Nitpress, 2010), ele diz que atualmente "a orientação é evitar situações de risco. Essa linha de menos enfrentamento e mais inteligência se consolidou com a posse do senhor Paulo Lacerda". Araújo escreve que "o ruim é que, quando acontece, alguns questionam, gritam, choram e argumentam que são bacharéis disso ou daquilo outro e que não entraram para o DPF para morrerem baleados". Ele presenciou pedidos de demissão de dois concurseiros por falta de disposição de participar de operações de campo.

Como o objetivo do então diretor-geral Paulo Lacerda visava aumentar o número de prisões pelo crime de colarinho branco, o trabalho de inteligência ganhou prioridade. A meta era prender sem disparar.

* * *

Rodrigo Távora Schnarndorf é formado em ciências contábeis pela Universidade Federal do Rio de Janeiro. Ainda na faculdade, participou de processos seletivos e foi aprovado em várias multinacionais de auditoria e consultoria de empresas, como a KPMG e a Deloitte. Optou pela Pricewaterhouse Coopers, em 2001. Em quase três anos, examinou contas do Banco do Brasil, da Petrobras, da Vale do Rio Doce, entre outras grandes empresas.

Apesar de ter sido efetivado quando concluiu a faculdade, ele estava insatisfeito com o ritmo frenético e ininterrupto de trabalho. Em alguns períodos, inclusive, de domingo a domingo, em jornadas diárias de até 16 horas. A Polícia Federal abriu vários concursos em 2004. Távora se inscreveu em quatro: dois para agente e dois para escrivão. Aprovado em todos, ele frequentou a Academia Nacional de Polícia em 2005 e fez o curso de agente nacional, em que poderia escolher a região onde trabalharia.

Mesmo com o ingresso limitado a candidatos com nível superior, há na instituição a opinião de que agentes, escrivães e papiloscopistas continuam a exercer funções de nível médio. A marca dessa diferenciação está no salário. O último reajuste foi concedido no fim de 2016, de 37% parcelados em três vezes. Enquanto delegados e peritos ganham em torno de R$ 23 mil, os demais servidores recebem pouco mais da metade ao ingressarem na corporação. No final de carreira, o salário de agentes, escrivães e papiloscopistas vai a R$ 18,6 mil, enquanto o de delegados e peritos ultrapassa R$ 30 mil.

Apesar da diferença salarial, o agente Rodrigo Távora diz que nunca teve interesse em ser delegado. A parte judicial do inquérito jamais o atraiu. Sua vontade era trabalhar com investigações de crimes financeiros. Ele foi designado para a delegacia de Campos, no Norte Fluminense. Assim que se apresentou ao então superintendente Delci Carlos Teixeira, Távora mostrou sua formação, seu currículo e disse que gostaria de atuar na Delegacia de Repressão a Crimes Contra o Sistema Financeiro e Desvio de Recursos Públicos (Delefin).

O perfil de um agente especializado neste tipo de crime financeiro é o de um analista com senso crítico para identificar as movimentações suspeitas de dinheiro em meio a um emaranhado de informações. Sua função é esmiuçar documentos e montar um conjunto de provas.

Em poucos meses, Rodrigo Távora foi convocado para trabalhar com análise de material. Em 2020 ele tinha 38 anos e 14 de Polícia Federal. Ficou 12 deles na Delefin, participou de forças-tarefas, entre elas a Satiagraha, a My Way e de uma grande investigação na qual o suspeito era o doleiro Donald Anthony Henning Sutton, americano naturalizado brasileiro que manteria uma rede de câmbio ilícita no Rio e nos Estados Unidos.

A escuta telefônica e a interceptação de mídia (e-mail, acesso a servidores remotos, informações que transitam pela internet) são as principais fontes de análise numa investigação e fornecem elementos importantes para fundamentar provas. A avaliação do policial é essencial para determinar o que de fato vai interessar ao Ministério Público.

– A evolução do crime no mundo vai inevitavelmente acabar no mercado financeiro. O objetivo de quase todos os criminosos é o enriquecimento. Se a estrutura policial e os órgãos públicos estiverem bem aparelhados, certamente chegarão aos responsáveis – explica Távora.

Suas palavras ecoam a doutrina difundida nas últimas décadas pela Academia Nacional de Polícia e confirmam que o conteúdo produzido pelos policiais mais antigos, como Getúlio Bezerra, foi assimilado pelos mais novos. A padronização dos métodos, a unificação do discurso e a forma de atuação se tornaram marcas da Polícia Federal.

CAPÍTULO 19
Capacitação e formação

A doutrina implantada em 2003 pela Academia Nacional de Polícia iria seguir princípios e diretrizes da nova estrutura do comando da Federal e nas operações de investigação. A intenção era privilegiar o trabalho de inteligência no combate ao crime organizado, sem distinção de suspeitos, investigando qualquer um e sem perseguir ninguém.

Desde 1961, quando foi criada, a Academia funcionava em uma sala de 16 metros quadrados emprestada pelo Colégio Dom Bosco, no fim da Avenida W3, em Brasília. Depois, transferiu-se para um prédio do Ministério da Justiça, onde ficou de 1966 a 1978. A mudança para a sede atual, em Sobradinho, no Lago Norte, a cerca de 30 quilômetros de Brasília, ocorreria só em 1979.

Se hoje o valor da Academia Nacional de Polícia é incontestável, até o curso de formação em 1996 não era bem assim. Os alunos treinavam com um revólver calibre 38, e não as Glocks de hoje. Mesmo a posição tática para a prática de tiro era considerada ultrapassada. Hoje, se ensina a posição Chapman, um salto tático-operacional, popularizado pelo campeão de tiro Ray Chapman. Outra crítica se referia à grade curricular, mais voltada para a área jurídica do que para a atividade policial. Muito do que os alunos aprenderam na preparação para o concurso público era repetido nas aulas. Esta grade se manteve até 2002.

A mudança começou com a nomeação da primeira mulher a ocupar a direção da Academia: a delegada federal Viviane Rosa. Ela cresceu no Chuí, na fronteira com o Uruguai. Fez a prova em 1984 para censora da Federal, influenciada pelo irmão Ildo Raimundo da Rosa, agente da PF. Além de ser graduada em direito, Viviane lecionou português no nível médio por nove anos. Com a extinção do cargo de censora, ela se tornou delegada e chefiou a Comunicação na gestão de Agílio Monteiro (1999-2002).

A Academia Nacional de Polícia era subordinada à Direção-Geral no período em que Agílio comandava a instituição e tinha à frente o delegado José Roberto Alves dos Santos. Na gestão de Paulo Lacerda, Alves dos Santos foi designado para a Diretoria de Gestão de Pessoal, e Viviane, escolhida para seu lugar. Ao assumir, um curso de formação estava em andamento e a nova diretora determinou que as aulas fossem filmadas. Os alunos se queixavam de que havia um abismo entre o que ali era ensinado e a realidade das delegacias.

– Eu não admitiria mais essa crítica. Por isso, decidi reformular todo o currículo – conta Viviane.

A primeira providência foi pedir às unidades de todas as regiões que mandassem para a Academia um ou dois profissionais da linha de frente das operações policiais. Por dois meses eles ficaram com os próprios professores de técnicas operacionais avaliando as filmagens do curso anterior. A partir daí foi elaborado um novo manual de técnicas operacionais, com um planejamento curricular específico para a Academia e outra carga horária. Com isso, o curso se tornou mais técnico e especializado.

Em 2003, o número de alunos na formação profissional superou o total dos quatro anos anteriores, com a convocação dos policiais aprovados em concursos: 1.600 deles passaram pela Academia no primeiro ano da gestão de Paulo Lacerda. Entre 2003 e 2007, a cada ano, mais de mil novos policiais foram formados na ANP.

Houve uma renovação no quadro de instrutores. Um banco de talentos foi criado e disponibilizado a todo o contingente da Federal. Os interessados em dar aula na Academia enviavam currículos. A partir daquele momento, os melhores policiais passaram a ser também instrutores e professores.

– Às vezes nós tínhamos bons profissionais no Acre e não sabíamos disso, porque ele não tinha acesso à Academia. Não havia como se inscrever para dar aulas em Brasília – explica Viviane.

No fim de sua gestão, o conteúdo das apostilas estava todo padronizado e os alunos os recebiam em pen drives. As primeiras ações visando o reconhecimento dos cursos na Academia foram uma iniciativa do coordenador de ensino, o delegado Alberto Lasserre Kratzl Filho, ainda na gestão de Viviane: desde 2017, os cursos da Escola Superior da Academia são reconhecidos como de nível de pós-graduação pelo MEC. Delegados e peritos fazem o curso Superior de Polícia, enquanto o curso Especial de Polícia é para os demais cargos.

Houve muito investimento em equipamentos. No primeiro ano em que Viviane esteve à frente da ANP, foi comprado todo o aparato necessário de informática e de consultoria. Os aportes incluíram uma plataforma de ensino à distância, evitando que policiais se deslocassem a Brasília. Foram alocadas também verbas para a participação de professores em congressos e aquisição de móveis e equipamentos para a biblioteca e para o Museu Criminal.

Os cursos à distância tiveram bons resultados. Logo em 2003, ano em que foram criados, a Academia já oferecia 73 cursos e não fazia mais diferenciação entre presenciais e à distância. Em 2006, último ano da gestão de Viviane Rosa, foram aplicados 151 cursos e 31 treinamentos. Ela se aposentou em 2010 e dez anos depois presidia a Federação Nacional dos Delegados de Polícia. Segundo Viviane, que conheceu academias em outros países, a da Polícia Federal se equipara às melhores do mundo.

***

Ainda na gestão de Agílio Monteiro, Getúlio Bezerra passou a difundir na Academia Nacional de Polícia a visão de que o crime era essencialmente um negócio. Ele introduziu um módulo chamado "Tráfico de drogas no contexto do crime organizado", com base em outros semelhantes desenvolvidos em países como Alemanha, Estados Unidos, Inglaterra e França.

Na Academia, Bezerra lutava para que o policial federal deixasse de ser "perfumaria", agente que apenas recolhia produtos químicos no combate ao tráfico, ou "papeleta", aquele que trabalhava apreendendo papel, agenda, conta bancária e de telefone. Bezerra estimulava os colegas a se aprimorarem permanentemente em investigação financeira, habilidade essencial para perseguir o fluxo do dinheiro do crime, em constante renovação.

O conhecimento e a experiência de Getúlio Bezerra também foram compartilhados com forças estrangeiras. Ele coordenou programas de capacitação para policiais do Mercosul e da África portuguesa e presidiu a Fundação Brasileira de Ciências Policiais. Depois de se aposentar, em 2015, tornou-se coordenador de um programa de segurança em transporte de cargas da Confederação Nacional de Transportes.

CAPÍTULO 20
Doa a quem doer

Os brasileiros estavam orgulhosos em 2002 pela conquista da Copa do Mundo na Coreia do Sul e no Japão, que consagrou nossa seleção como a primeira pentacampeã mundial. Fanático por futebol, o vascaíno Zulmar Pimentel também deixaria a nação bem impressionada ao iniciar as megaoperações que transformariam a Polícia Federal na principal instituição de combate à corrupção no país. O marco desta virada foi a Operação Vassourinha, deflagrada em 20 de setembro daquele ano.

Dois aviões Hércules da Força Aérea Brasileira transportaram os policiais até Pernambuco. Mais de 120 federais de Vitória e de Brasília cumpriram 16 mandados de prisão e 24 de busca e apreensão em Jaboatão dos Guararapes e no Recife. Empresários, secretários municipais, policiais federais e um policial civil foram os alvos, suspeitos de fraudes em licitações. A operação foi batizada de Vassourinha, indicando que a meta era uma faxina na corrupção.

A partir de 2003, a Polícia Federal incorporou uma atitude proativa diante de crimes financeiros, e o trabalho de inteligência ganhou mais importância. Ao assumir a Direção-Geral, Paulo Lacerda determinou um levantamento completo das investigações em andamento. Inquéritos mais relevantes e que necessitavam de estrutura de apoio deveriam ser encaminhados a Brasília.

As três diretorias (Executiva, Combate ao Crime Organizado e de Inteligência Policial), que coordenavam as operações, analisavam e aprovavam os casos que passariam a ser tratados como investigações especiais. A palavra final, no entanto, era quase sempre de Zulmar Pimentel, e a investigação ganhava um nome como referência.

– A Polícia Fazendária tem uma diversificação, uma área de atuação muito maior. Era raro ver políticos presos, assim como empresários – enfatiza Zulmar. – Sempre defendi que o berço de todos os crimes é a corrupção. Até então, assistia a palestras em que se repetia que o maior de todos era o tráfico de drogas. De fato, é muito grave, mas no crime organizado há um requisito, que é a participação do ente público. A corrupção é o mal mais pernicioso à sociedade.

A primeira parte de uma operação, a investigação, é sigilosa. A grande inovação no trabalho da Polícia Federal para começar a prender peixes graúdos foi antecipar a coleta de provas irrefutáveis de corrupção e efetuar as prisões. Os relatórios de atividades financeiras do Coaf ou da Receita Federal identificavam movimentações suspeitas. Com os indícios de crimes, a PF e o Ministério Público solicitavam ao Poder Judiciário autorização de escutas telefônicas e outros meios para dar sequência à investigação.

Mesmo com a atualização da legislação, era necessário reunir provas robustas para suplantar estratégias montadas por criminalistas. A vitória nos tribunais dependia da qualidade do trabalho policial. O segredo, portanto, era a antecipação às defesas jurídicas, mais uma mudança importante na metodologia investigativa que surgia no Brasil.

Com as provas colhidas e apresentadas ao juiz, o passo seguinte seria o pedido de prisões temporárias ou preventivas. Antes de 1989 existia a prisão para averiguação, sem mandado. Ou seja, os suspeitos eram presos para depois serem investigados. Esse procedimento foi substituído pela prisão temporária. O elemento surpresa evitou o chamado "perguntório", em que suspeitos pudessem conversar entre si e com advogados para criar roteiros de defesa.

Por fim, chegava a hora de colocar a polícia na rua, a fase visível da investigação. Zulmar Pimentel ressalta que o ideal era que quem coordenasse a etapa sigilosa não fosse o responsável pela fase pública, para poder ter foco na preparação da logística e na mobilização de pessoal, que exigem cálculos milimétricos. O *briefing* é um dossiê completo e extremamente detalhado sobre a operação, com o passo a passo para cada um saber o que fazer quando for desencadeada. Reúne desde o que perguntar no interrogatório até o que procurar nas diligências para cumprir mandados de busca e apreensão.

Os suspeitos eram pegos de surpresa às 6h, quase sempre gente que nunca imaginou ser presa. As megaoperações tinham como alvos não só políticos, mas policiais, delegados, promotores, procuradores e até juízes.

– Nas nossas ações, a gente trabalhava de cima para baixo. Sempre contra o líder da organização criminosa – enfatiza Zulmar.

Em entrevista ao "Correio Braziliense", em 31 de dezembro de 2004, o então ministro Márcio Thomaz Bastos fez um balanço de dois anos das megaoperações da Federal: "O que se vê hoje é uma polícia atuante, independente em suas ações e que não visa alvos pré-determinados. É uma polícia republicana e não de governo. Se as operações atingem setores da administração pública, são consequência de um trabalho de investigação que não persegue, mas também não protege ninguém. Este trabalho irá continuar, doa a quem doer". E isso, claro, também incluía os próprios policiais.

CAPÍTULO 21
Corrupção em casa

Melhorar a imagem do policial federal foi um dos objetivos da gestão de Paulo Lacerda. Ao iniciar as megaoperações, ele quis que a PF "treinasse prendendo policiais criminosos". Isto, claro, ameaçava o corporativismo.

– Já que iríamos prender gente do governo, tínhamos que dar o exemplo prendendo policial corrupto. Montamos uma estratégia em que policiais suspeitos de crimes em um estado participariam de operações para prender policiais em outros estados. Geralmente, esse tipo de policial é bastante operacional e garantiria o sucesso da operação. E também teria o gostinho de ser honesto pelo menos uma vez na vida. Além de também fazer propaganda pra gente. Quem conhecia as atividades dele iria falar: "Até fulano de tal agora tá trabalhando certo".

Em paralelo, a caixa preta foi aberta e os jornalistas entraram na Polícia Federal. Além das imagens e informações cedidas pela Comunicação Social, um trabalho mais amplo, de marketing institucional, trouxe repórteres para dentro da PF, iniciativa até então inédita.

Segundo o repórter Jailton de Carvalho, do jornal "O Globo", o delegado Reinaldo de Almeida abriu as portas da Polícia Federal aos jornalistas e François René as escancarou. O chamado *press day*, o dia da imprensa, consistia em levar jornalistas às dependências da instituição para conhecer de perto o trabalho dos policiais.

O resgate da autoestima entrou na ordem do dia. Lacerda lembra que a Polícia Federal não ganhava destaque em nenhum veículo e muito raramente era citada positivamente. Isso mudou a partir de 2004. A imprensa passou a destacar as transformações. Além da capa da revista "Veja" em outubro daquele ano, com o título "Os intocáveis", que abordava o combate à corrupção na instituição, dois anos depois, em setembro de 2006, a revista "IstoÉ" cravou a chamada "Por dentro da PF". A reportagem mostrava o funcionamento da máquina de investigar e prender que estava surpreendendo o país pelo "arrojo, inteligência e sucesso".

Na reportagem da "Veja", assinada por André Rizek e Thaís Oyama, o título interno era "A autolimpeza da PF". Em menos de dois anos tinham sido presos 44 policiais federais, entre "agentes graduados e delegados". A matéria comparava as ações internas da Federal às que ocorreram no FBI e na polícia de Hong Kong.

A repercussão na categoria foi positiva, mas uma declaração do diretor Paulo Lacerda provocou reações de sindicalistas: "Nossa avaliação é que a Polícia Federal tem 10% de policiais corruptos e 10% de homens combativos e indignados com essa corrupção. Os outros 80%, embora honestos, ainda fazem vista grossa aos colegas que cometem delitos. O problema é que essa turma é tão nociva quanto quem pratica os crimes. Nosso projeto é expulsar os corruptos e despertar o sentimento de indignação no policial ao ver um colega incidindo em crime".

* * *

Os policiais federais investigavam e prendiam sindicalistas no regime militar. Um ano após a promulgação da Constituição, começaram a fundar os próprios sindicatos. Os de Minas Gerais e do Distrito Federal foram os primeiros. Em 25 de agosto de 1990 nasceu a Federação Nacional de Policiais Federais (Fenapef) para agregar as entidades de classe do país.

Antes da confirmação de Paulo Lacerda na Direção-Geral a partir do governo Lula, cogitou-se para comandar a Federal o nome do sindicalista Francisco Carlos Garisto, então presidente da Fenapef. O repórter Leandro Fortes, do "Jornal do Brasil", chegou a entrevistá-lo como "futuro diretor-geral" em 12 de dezembro de 2002. Uma das propostas de Garisto era criar uma carreira única sem concurso para chefia (delegados), "nos moldes do FBI".

Dois dias depois, o jornalista Ricardo Boechat publicou na coluna que assinava no "JB" que Francisco Garisto teria sido descartado porque o futuro ministro "não gostou de vê-lo dar declarações a respeito de ter sido convidado para o cargo". Em 2015, em entrevista ao portal Yahoo Notícias, Garisto contou que Márcio Thomaz Bastos era simpático à indicação: "Tanto que ao término da nossa audiência, ele *(Bastos)* deu entrevista ao 'Jornal do Brasil' afirmando isso". Nos arquivos do "JB", porém, não existe qualquer declaração do ministro sobre o assunto.

Depois da confirmação de Paulo Lacerda como diretor-geral, a Fenapef se pronunciou contra sua indicação. A principal reclamação era a relação dele com Romeu Tuma.

* * *

A polêmica declaração de Paulo Lacerda à "Veja" em 2004 provocou um movimento articulado e surgiram ações por danos morais contra o diretor da PF em diferentes partes do Brasil, 23 no total, impetradas por policiais e entidades de classe. Além do próprio Distrito Federal, Lacerda tinha que comparecer a audiências em Goiânia, Florianópolis, Porto Alegre, João Pessoa e até em Duque de Caxias, onde viveu na adolescência. Com o tempo, alguns policiais desistiram das ações e os que foram até o fim não obtiveram êxito.

Em 2003 e 2004, a Federação Nacional dos Policiais Federais usou a imprensa e as páginas "Painel da Fenapef" e "Tribuna Livre", veiculadas em seu próprio site, para atacar Paulo Lacerda e sua equipe. Os textos alimentavam a divisão entre antigos e novos policiais: "Os policiais federais novos (em média oito anos) e os novíssimos (em média cinco anos) não estão gostando nada das ideias de Lacerda em trazer o Jurassic Park todo de volta para o DPF. Parece que agora quem dá bola é o antigo e o antiquíssimo. Os novos só terão vez na PF quando ficarem velhos, rabugentos, se aposentarem e arrumarem uma 'boquinha' em algum gabinete de político famoso que seja muito, mas muito amigo do Ministro da Justiça".

Um outro texto foi ainda mais agressivo: "O ministro da Justiça, Márcio Thomaz Bastos, disse para todos os Membros do Conselho de Representantes da Fenapef que o diretor LAMERDA iria 'surpreender' a todos. Até agora Lacerda não justificou por que foi resgatado com vida do parque dos dinossauros". A entidade publicou também montagens. Em uma delas, uma foto do rosto de Paulo Lacerda foi colocada na imagem de Charles Chaplin caracterizado de Adolf Hitler no filme "O grande ditador". No lugar do globo que o ator equilibrava com os dedos havia a logomarca da Fenapef.

Lacerda juntou as publicações e, sem alarde, acionou a Justiça, ainda em 2004. A sentença da ação por danos morais saiu em 2005: R$ 20 mil. Houve recursos, mas o valor da indenização foi mantido, até tramitar no Superior Tribunal de Justiça, onde o ministro Hélio Quaglia aumentou para R$ 80 mil, em 2007. O valor deveria ser acrescido de juros e correção monetária. A Quarta Turma do STJ negou novo recurso e ainda condenou a Fenapef ao pagamento de 1% de multa. Em novembro de 2009 o valor era de R$ 238 mil (cerca de R$ 440 mil em 2020), sendo R$ 207 mil de indenização e R$ 31 mil de honorários. A execução ocorreu um ano depois.

Apesar dos embates, principalmente com a Fenapef, alguns sindicatos não compactuaram com as desavenças. Um deles foi o dos policias federais de Minas Gerais. Seu então presidente Juvercino Guerra Filho redigiu uma carta pública, com cinco páginas, com o título "Por que Francisco Garisto ataca velhos amigos?". Garisto, presidente da Fenapef à época, foi procurado pelo autor deste livro, mas respondeu por mensagem instantânea: "Não quero dar entrevistas sobre a PF. Estou em uma nova função e a minha antiga atividade é passado".

A Fenapef comandou uma paralisação temporária no fim de 2003 e uma greve por tempo indeterminado em 2004, que durou 59 dias, a segunda maior na história da categoria. Os policiais federais exigiam reajuste de 30%. O Poder Judiciário novamente foi acionado e determinou o corte do ponto dos grevistas. Os policiais retornaram ao trabalho.

CAPÍTULO 22
Megaoperações

As megaoperações se tornaram o produto de maior destaque da Polícia Federal a partir de 2003. Funcionavam também como uma isca para a imprensa. A preparação dos policiais federais incluía um trabalho conjunto com a Comunicação Social.

Enquanto o pessoal de campo planejava a operação, o porta-voz da Federal, Reinaldo de Almeida, acompanhava tudo até o momento da deflagração, quando marcava uma coletiva. Reinaldo ficou na função por um ano e participou de programas jornalísticos como o de Bóris Casoy e de José Luiz Datena. Deixou o cargo por disputas internas:

– O lado perverso do serviço público é o ambiente formado por características pessoais como ciúmes, inveja e maledicências. Eu nunca tive vaidade, mas o cuidado de desempenhar a função com muita concentração e dedicação, e os resultados positivos foram aparecendo. Isso gerou insatisfação e incomodou muita gente. Os delegados que estavam na operação questionavam a figura de um porta-voz. Acabei cansando.

Um de seus últimos trabalhos na função foi após a Operação Anaconda, em 30 de outubro de 2003, que resultaria na prisão de João Carlos da Rocha Mattos, o primeiro juiz federal condenado por corrupção na era das megaoperações. No fim do programa da TV Record, o jornalista Paulo Henrique Amorim fez uma pergunta fora da pauta, sobre as dificuldades da Federal em um período de paralisações por reajuste salarial. Reinaldo improvisou: "O que nós estamos tendo nesse momento é o apoio, a solidariedade, a parceria constante e permanente do ministro da Justiça, Márcio Thomaz Bastos, que à mercê da sua elevada qualificação de advogado criminal durante 45 anos, soube compreender a missão constitucional da Polícia Federal e é porta-voz dos mais legítimos anseios da Federal. E a Polícia Federal pede muito pouco. Só pede condição para trabalhar", respondeu Reinaldo. Paulo Henrique Amorim agradeceu, destacando o talento de Reinaldo: "Muito obrigado, delegado. O senhor deveria ser diplomata".

Reinaldo de Almeida César foi presidente da Associação Nacional dos Delegados (ADPF) entre abril de 2010 e fevereiro de 2011, e secretário de Segurança no Paraná logo em seguida. Deixou o cargo em setembro de 2012.

* * *

A maior inovação no setor de Comunicação foi a criação do Núcleo de Operações em Comunicação (NOC). O primeiro chefe não policial da Comunicação da Federal, François René, recrutou agentes formados na área e os que não tinham graduação foram treinados em cursos, oficinas e seminários na Academia Nacional de Polícia. A equipe começou a produzir registros em vídeo das operações. O material era distribuído para a imprensa por meio da Agência de Notícias, também criada por René.

Cada unidade regional passou a ter também um núcleo de comunicação com assessores capacitados em *media training* para orientar os policiais no relacionamento com a imprensa. A iniciativa resultou no aumento da cobertura nos jornais, rádios e TVs. O resumo de cada ação, a disponibilização de fontes e a concessão de entrevistas, diversificando os personagens, contribuíram para mudar a percepção da imprensa e da opinião pública sobre a Polícia Federal.

Experiências anteriores também ajudaram a moldar a imagem da Federal. No fim da década de 1970, Paulo Lacerda chefiava a Delegacia de Repressão a Crimes Fazendários em Belo Horizonte. A busca domiciliar ou em estabelecimento comercial sem ordem judicial ainda era legal. Uma denúncia indicou que uma relojoaria tinha estocado produtos contrabandeados. O único veículo da Polícia Federal estava em manutenção. O delegado e quatro agentes andaram cerca de dois quilômetros até a loja e apreenderam 200 relógios sem documentação. O dono foi detido e o material colocado em caixas, lacradas. Todos saíram de lá a pé, conduzindo o preso algemado e as caixas na cabeça.

No início das grandes operações, a partir de 2003, policiais continuavam a levar debaixo do braço o material apreendido, como gabinetes de computador, por exemplo, uma imagem que não combinava com uma instituição em acelerado processo de modernização.

A agente Mara Fregapani Barreto ingressou na PF em 1997 e seria fundamental para melhorar essa imagem. Formada em psicologia, Fregapani é uma servidora conhecida por colaborar com ideias para melhorar a instituição. Em 2000, na Academia Nacional de Polícia, ela foi convidada a compor a equipe do delegado Jorge Pontes para investigar Sholam Weiss, o maior estelionatário do mundo. A experiência da Federal em prender criminosos estrangeiros no Brasil deu origem a um guia prático, adotado pela Interpol, para a captura de foragidos. Weiss foi detido na Áustria depois de passar por São Paulo. Ele recebeu uma pena de 845 anos de reclusão, a maior até então aplicada a um investigado pelo FBI.

Em seguida, Mara Fregapani foi aproveitada na Divisão de Contra Inteligência da Diretoria de Inteligência Policial (DIP), na gestão do delegado Emmanuel Henrique Balduíno (2004-2007). Ela propôs o uso de malotes pretos nas operações, depois que a imprensa filmou documentos transportados por agentes. Na época, eram usadas sacolas transparentes. O então diretor de Administração e Logística da PF, Alciomar Goersch, estendeu a novidade a toda a Federal. A medida foi adotada por outras instituições. Em março de 2019, nas prisões dos acusados do assassinato da vereadora Marielle Franco – o ex-PM Élcio Vieira de Queiroz e o policial reformado Ronnie Lessa –, o material recolhido em suas casas foi levado em malotes com a logomarca da Polícia Civil do Rio.

Com a cobertura da mídia, as operações despertaram a curiosidade geral. O carro preto com design dourado e homens e mulheres de uniformes exibindo a marca da PF eram acompanhados atentamente pela TV, como se fossem personagens de novela. Aliás, o novo horário nobre da televisão brasileira, pelo menos de telejornais, passou a ser 6h da manhã, quando são feitas as prisões.

O nome das operações também foi alvo de polêmica, mas o hábito de batizar uma ação policial não surgiu na gestão Lacerda. Vinte anos antes, a Operação Cosa Nostra fora destaque ao prender o mafioso italiano Tommaso Buscetta, líder da organização que deu nome à investigação. O objetivo de nomear uma operação nada tem a ver com a mídia. O delegado Zulmar Pimentel explica que o nome exige criatividade e não pode ser tão óbvio como foi no caso do mafioso. Em abril de 2002, depois da morte do prefeito de Santo André, Celso Daniel (PT), a Polícia Federal desencadeou a Operação Távola Redonda. Os policiais chamavam Lula, o então candidato à Presidência, de Rei Arthur. O nome, portanto, era uma referência para o grupo de trabalho envolvido na operação e seu objetivo, despistar alvos e assegurar o sigilo.

Há cinco anos sem dar entrevistas, o delegado Zulmar Pimentel abriu uma exceção e falou de sua mágoa com a imprensa. Algumas reportagens, que se valeram de fontes contrárias à gestão da Polícia Federal, informaram que os nomes das operações tinham por finalidade tão somente ridicularizar os investigados. O Conselho Nacional de Justiça, por meio do então presidente Gilmar Mendes, publicou uma recomendação, em novembro de 2008, para que os magistrados evitassem "a utilização das denominações de efeito dadas às operações policiais em atos judiciais".

– Os trocadilhos serviam para facilitar o trabalho. E só quem sabia do que se tratava era quem trabalhava na operação – justifica Zulmar.

Alguns nomes são lembrados pelo delegado. A Operação Arca de Noé, alusão ao jogo do bicho, em dezembro de 2002, revelou que o "comendador" João Arcanjo Ribeiro, contraventor, comandava um grupo de extermínio no Mato Grosso. Já a Operação Matusalém, de abril de 2004, fazia referência aos idosos, lesados por uma quadrilha de fraudadores no Amazonas.

No início, Zulmar Pimentel tinha condições de sozinho escolher os nomes, mas, com a multiplicação das operações, recorreu a sugestões dos coordenadores. O número saltou de 48, nos últimos quatro anos do mandato de Fernando Henrique, para 58 só em 2003 e chegou a quase duas centenas em 2007.

Mesmo após a saída de Zulmar da diretoria-executiva, as operações seguiram a mesma linha de escolher um nome que ajudasse a despistar os alvos da investigação. A Operação Dark Side, em 2013, prendeu policiais civis seduzidos pelo "lado negro da força": eles lideravam uma quadrilha internacional de tráfico. Já traficantes de drogas sintéticas foram alvos da Operação Good Vibes, em 2007. E, no mesmo ano, a Operação Highlander – título de um filme, cujo personagem principal é imortal – desbaratou fraudadores do INSS que usavam identidades de mortos.

* * *

Até 2003, a Polícia Federal não dispunha de processos de acompanhamento de suas ações de maior envergadura. Na Operação Vassourinha, antes mesmo da divulgação do balanço, os jornalistas já tinham conseguido a relação oficial dos presos com o Ministério Público de Pernambuco. Isso mudaria em decorrência do trabalho da Comunicação Social.

As imagens cinematográficas do recém-criado Núcleo de Operações em Comunicação, assim como os resumos da operação, com o número de policiais envolvidos, equipamentos usados, detalhes da investigação, quantidade e identidade de presos, além de locais vasculhados, passaram a constar dos releases divulgados à imprensa ou por meio de relatos dos próprios líderes das ações. Foi uma mudança essencial para atender os jornalistas e ao direito à informação da população, sem humilhar os investigados.

O sucesso da Polícia Federal rendeu a Zulmar Pimentel a eleição de "Delegado para as Américas", na Interpol, em 2005. Foi a primeira vez em sua história que a instituição escolheu um integrante da PF para representá-la em discussões internacionais sobre assuntos de polícia e segurança pública. O título mostrava que a Federal já chamava a atenção mundial.

O ponto alto das megaoperações, porém, foi a Dominó, desencadeada em 4 de agosto de 2006 em Rondônia, que mobilizou mais de 300 policiais federais do Amazonas, Distrito Federal, Mato Grosso, Acre e Rondônia. Foram cumpridos 60 mandados de busca e apreensão. Iniciadas um ano antes, as investigações visavam deputados estaduais – incluindo o presidente da Assembleia Legislativa –, um procurador, um ex-procurador-geral de Justiça, o vice-presidente do Tribunal de Contas, juízes, promotores, o presidente do Tribunal de Justiça e empresários. Zulmar Pimentel conta que o nome da operação surgiu devido ao encaixe das peças: uma levava à outra. A organização desviava recursos públicos através do Legislativo em superfaturamento de obras, compras e serviços. Fitas gravadas pelo governador de Rondônia, Ivo Cassol, flagraram parlamentares estaduais exigindo dinheiro para votar projetos de interesse do governo estadual. Em julho de 2016, a Justiça condenou 16 ex-deputados e mais nove réus.

CAPÍTULO 23
CSI brasileira

A gestão do conhecimento, com a supervisão dos mais experientes aplicada na administração e na prática operacional, ajudou a formar e a capacitar novos e antigos policiais. A partir de 2003, o orçamento também garantiu o funcionamento básico e a criação de uma estrutura mínima de trabalho. Contudo, a necessidade de acompanhar a evolução do crime exigia investimentos em equipamentos e tecnologia.

O financiamento do projeto Pró-Amazônia/Promotec ficou suspenso entre 2002 e 2004, durante a mudança de governo. O discurso da equipe econômica de Lula era o de não fazer novas dívidas. O financiamento seria cancelado porque a prioridade era o pagamento de juros da dívida pública e a quitação da dívida externa. O Tribunal de Contas da União determinou providências contra o impasse. Havia uma pequena parcela liberada em 2001, mas o governo poderia rescindir o contrato e pagar uma multa.

A empresa francesa Sofremi chegou a manter funcionários no Brasil para convencer as autoridades a dar continuidade ao programa de financiamento. Eram frequentes os convites ao pessoal do primeiro escalão da Federal para conhecer equipamentos em viagens à França, Alemanha e Espanha. Paulo Lacerda não achava ético viajar por conta deles naquele período de incerteza, apesar de as visitas estarem previstas no contrato. "O dia em que o governo assinar e liberar o dinheiro, aí eu vou", dizia o diretor-geral.

Em reunião com a equipe de diretores do Ministério da Justiça e os integrantes do Pró-Amazônia/Promotec, o ministro Márcio Thomaz Bastos perguntou a um por um, como se fosse uma votação, quem defendia a continuidade do financiamento. O perito Daelson Viana conta que o resultado foi unânime e o ministro conseguiu convencer a equipe econômica de Lula a mantê-lo no orçamento.

Os recursos voltaram a ser liberados em 2005 e o delegado Alciomar Goersch, diretor de Administração e Logística, viajou aos países parceiros com peritos e outros especialistas para conhecer, avaliar e realizar a compra de equipamentos. Segundo Goersch, as escolhas atendiam aos pedidos dos profissionais mais qualificados da Federal. A instituição contava também com o apoio da Atech Tecnologias Críticas – empresa da Embraer que faz consultoria para a tomada de decisões em segmentos ultraespecializados. Técnicos em aeronaves, por exemplo, examinavam e ajudavam na elaboração de projetos específicos para as necessidades da PF.

– Com os recursos liberados, eu só fui aonde sabia que poderia ter algo para comprar. Fomos a Marseille, na França, na fábrica da ABS, dos aviões e helicópteros. O Afis (Automated Fingerprint Identification System, ou em português Sistema de Identificação Automatizada de Impressões Digitais) também foi adquirido na França. Compramos produtos da Alemanha, que eu nem quis visitar porque não entendia nada de perícia. O que foi comprado era o que havia de mais moderno. O acordo incluía manutenção e novas aquisições. O período inicial era de cinco anos e nós assinamos a prorrogação – lembra Paulo Lacerda.

Para usar a tecnologia que estava sendo adquirida, precisava-se de pessoal especializado. Em 2000, a Federal dispunha de 190 papiloscopistas. A categoria nunca foi numerosa e na época o número de aposentadorias era expressivo. Em 2005, na tentativa de corrigir a defasagem de pessoal, foi aberto um concurso para 400 vagas. Entre os aprovados estava Paulo Ayran da Silva Bezerra. Aos 35 anos, formado em processamento de dados e especialista em tecnologia da informação e geoprocessamento, ele trabalhava no Ministério do Meio Ambiente na prevenção de acidentes com derramamento de óleo. Ao ingressar na corporação, Paulo recebeu a missão de ajudar a reerguer a Associação Brasileira dos Papiloscopistas

Policiais (Abrapol), criada em 1995, mas inoperante em decorrência da baixa quantidade de associados.

Paulo Ayran também é especialista em gestão pela Escola Nacional de Administração Pública. Foi responsável pelo setor de estatística da Federal e esteve à frente do Instituto Nacional de Identificação. Na Abrapol, em 2020 ele exercia a presidência pela segunda vez. Além do recrutamento, o treinamento ganhou grande impulso a partir de 2004. De acordo com Ayran, foi uma mudança de paradigma, com cursos presenciais e à distância.

– Para trabalhar com o sistema tecnológico na parte pericial a gente teve um treinamento de 300 horas/aula, de excelente qualidade. E o adestramento foi muito forte. Hoje, o papiloscopista pode se capacitar em várias áreas de perícia técnica e judiciária. O policial é como um professor e um médico. Tem que se capacitar todos os dias porque o crime está sempre se atualizando – diz Ayran.

No fim de 2002, o Instituto Nacional de Identificação foi reformado ao custo de R$ 1 milhão (R$ 2,6 milhões em valores de 2020). Do total recebido pelo Pró-Amazônia/Promotec, até 2007, 23% foram investidos em identificação. A novidade entre as aquisições foi o Afis, o tal sistema francês para a identificação de digitais no local do crime.

O equipamento custou US$ 36 milhões e foi essencial na Operação Tesouro Perdido, que encontrou R$ 51 milhões num apartamento no Centro de Salvador, em setembro de 2017 – a maior apreensão em espécie já efetuada pela Polícia Federal. Digitais encontradas nas notas foram identificadas como sendo do ex-ministro Geddel Vieira Lima (MDB), condenado a 14 anos e dez meses por lavagem de dinheiro e associação criminosa.

* * *

O Instituto Nacional de Criminalística (INC) também passou por reforma e ampliação. As obras começaram na gestão FHC, mas a maior parte foi no governo Lula, inclusive com a inauguração do prédio, em Brasília, em 28 de março de 2005. As dependências, que ocupavam 1.400 metros quadrados, passaram a ter dez mil metros quadrados. A obra custou R$ 20 milhões (cerca de R$ 44 milhões em 2020) e o tornou o mais moderno da América Latina.

O laboratório de balística forense foi contemplado com o Microscópio Eletrônico de Varredura, equipamento que analisa fragmentos de vidros, pelos e fibras e de insetos cadavéricos, e que detecta micropartículas incrustadas em projéteis. O aparelho aumenta um fragmento em 300 vezes e ajuda também na realização de exames grafotécnicos. Em 2005, só havia cinco destes no mundo. Até 2007, US$ 202 milhões (51% do total) do financiamento do Promotec foram utilizados. Desse valor, 18% couberam ao setor de criminalística.

As aquisições também exigiram treinamentos para se aproveitar ao máximo o que a tecnologia de ponta possibilitava. Como consequência, os peritos atuaram também como multiplicadores na Academia Nacional de Polícia. Os melhores professores de perícia eram os que trabalhavam no INC. Em 2002, a PF tinha 344 peritos. No primeiro ano da gestão Lacerda houve um reforço de 88 profissionais. Em 2007, o número saltou para 654, quase o dobro em relação ao último ano do governo FHC. Se antigamente a PF pedia ajuda a outras instituições para concluir perícias, após os investimentos passou a ser requisitada para dar suporte técnico e logístico a outros órgãos.

O setor de crimes cibernéticos também recebeu o que havia de mais moderno e 25% do financiamento foram aplicados em sistemas e informática. A área de perícia em audiovisual e eletrônica comprou equipamentos capazes de produzir imagens em 3D.

A análise de medicamentos, resíduos de pós-explosão e drogas no laboratório de química se tornou referência a partir de 2005. Os peritos federais são capazes de saber o local exato de produção da cocaína apreendida. Em 2014, os laboratórios de química e genética foram os primeiros da América Latina a receberem o selo internacional de qualidade de excelência.

O perito criminal Daelson Viana, ex-integrante da Divisão de Projetos da Polícia Federal, destaca a capacidade de elucidação de crimes complexos.

– Hoje é difícil escapar da Federal. Ela tem pessoal qualificado e meios para realizar qualquer tipo de investigação – diz.

A ciência policial da PF teve sua certidão de nascimento no Pró-Amazônia/Promotec. Com investimentos aplicados em diversos setores, uma formação de alto nível e condições de trabalho da equipe, a investigação da Federal passou a ser lastreada em ciência e tecnologia, seguindo a trilha da série policial americana "Crime Scene Investigation".

CAPÍTULO 24
Roteiro de filme

O telefone tocou por volta das 10h da manhã na Divisão de Repressão a Crimes contra o Patrimônio (DPAT), no prédio Máscara Negra, em Brasília. Era uma segunda-feira, 8 de agosto de 2005. Quem atendeu a ligação foi o delegado Antônio Celso dos Santos, responsável por investigações de sequestros, homicídios de competência federal, e roubos de cargas e de bancos. Do outro lado da linha era um funcionário do setor de segurança do Banco do Brasil. Ele informou que em Fortaleza havia sido descoberto um buraco no piso da caixa-forte do Banco Central, que dava para um túnel. Já se tinha certeza de que uma grande quantia de dinheiro fora levada.

O delegado ligou para a Superintendência de Fortaleza, soube que uma equipe de policiais já estava no local e que a estimativa era de que foram roubados cerca de R$ 50 milhões. Mais tarde, se descobriria que o valor seria bem maior: R$ 164,7 milhões (R$ 353 milhões em valores de 2020).

O túnel, com 80 metros de extensão, era uma obra de engenharia. Atravessava a Avenida Dom Manuel, no Centro da capital cearense, e ligava uma pequena casa ao cofre no subsolo do banco. Antônio Celso levantou a hipótese, baseado nas primeiras evidências e na experiência de investigações anteriores, de que a ação tinha a assinatura da facção paulista Primeiro Comando da Capital. Telefonou para o delegado federal Marcelo Sabadin, então chefe da Delegacia de Repressão a Crimes contra o Patrimônio (Delepat), em São Paulo, e pediu a ajuda de possíveis informantes naquele estado.

– Ao mesmo tempo pedi que ele se preparasse para me acompanhar até Fortaleza pra auxiliar no levantamento de informações, caso surgissem pistas relacionadas a criminosos de São Paulo – conta Antônio Celso.

* * *

O acordo Pró-Amazônia/Promotec contemplou investimento também em transportes. Do total do financiamento, 11% foram destinados ao setor para resolver um problema crônico. A frota de viaturas foi renovada em 70% com a compra de mil veículos de ponta, como Blazer, S-10 cabine dupla e Megane. Com bases em Brasília, no Rio e em São Paulo, o Núcleo de Segurança de Dignitários recebeu para o transporte e escolta de autoridades seis Mercedes Benz E-Guard 430 com blindagem nível 4, capaz de resistir a tiros de fuzis e a granadas. Até os bancos dos veículos eram blindados.

No governo FHC foram comprados ainda seis helicópteros, dois aviões Caravan e 40 barcos infláveis e na gestão de Lula, mais 15 lanchas blindadas de 45 pés (14 metros), para serem usadas nos portos do Rio, de Santos e de Vitória. A Ferretti Group Brasil, representante da fábrica italiana de embarcações de luxo, treinou os policiais para pilotar com GPS, radar, estação meteorológica com comunicação via satélite e visor noturno.

Foi graças a essa nova estrutura que, alguns minutos depois de informado sobre o assalto ao Banco Central, o delegado Antônio Celso seguia para Fortaleza para comandar as investigações, a bordo de um jato da Federal. Ele foi acompanhado de um agente e fez escala em São Paulo para pegar o delegado Marcelo Sabadin. Na capital cearense, os dois delegados passaram na Superintendência antes de irem ao Banco Central. A perícia já havia finalizado seu trabalho e eles seguiram para vistoriar o imóvel usado como ponto de partida do túnel.

A casa, já cercada de curiosos e repórteres, ficava na quadra vizinha e na fachada tinha um letreiro de venda de grama sintética. A sala era uma espécie de escritório. Na cozinha, havia restos de comida, além de panelas, copos e outros utensílios. Nos quartos, muitos sacos com terra. Na garagem e no quintal foram abandonados ferramentas e outros materiais usados na escavação. Garrafas de Gatorade estavam espalhadas pelos cantos da residência. Tudo fora coberto com pó de extintor de incêndio para impedir a coleta de impressões digitais.

Do outro lado da rua, no interior da caixa forte, três contêineres com pacotes de cédulas de R$ 50 tinham sido arrombados. Havia um rastro de cédulas pelo chão até a boca do túnel. Os policiais entraram no túnel para "sentir o local". O faro policial poderia descobrir algo não visto ou desprezado pelo exame dos peritos. Um cartão de recarga de telefone celular pré-pago, já utilizado e aparentemente raspado, foi encontrado pelos delegados, mas mantido em sigilo.

As diligências iniciais incluíram busca por testemunhas e varreduras em aeroportos, no porto e na rodoviária de Fortaleza. Requisitou-se imagens das câmeras de vigilância da vizinhança. A polícia tinha a informação de que passagens aéreas foram compradas com notas de R$ 50 nos dias que se seguiram ao crime. Dinheiro em espécie também serviu para a aquisição de veículos utilitários em uma revenda na cidade. Os documentos usados pelos compradores eram falsos, mas estranhamente as fotos não, possibilitando identificá-los como criminosos fichados em São Paulo. Um deles era irmão de um empresário cearense, dono de uma transportadora com carretas do tipo cegonha.

Na diligência na empresa JE Transportes os agentes apuraram que o proprietário exigiu um carregamento urgente de veículos e havia partido com o motorista do caminhão cegonha para São Paulo, no domingo, dia do furto. O jatinho da Federal seguiu no encalço da carreta e conseguiu avistá-la perto de Belo Horizonte. Ela foi interceptada e os policiais encontraram cerca de R$ 6 milhões dentro dos forros dos bancos e portas, dos pneus de estepe e na lataria do caminhão. Já o interrogatório confirmaria as identidades dos bandidos que compraram as passagens aéreas.

Apesar de o cartão de recarga de celular encontrado no túnel ter sido raspado, foi fácil identificar o número do aparelho. Uma autorização judicial para quebra de sigilo telefônico possibilitou a análise de chamadas feitas e recebidas durante aqueles dias na região do assalto. A polícia teve acesso a diversos números de gente ligada aos membros da quadrilha. Depois do roubo, os criminosos trocaram constantemente os telefones e se mudaram de estado várias vezes.

Policiais civis também extorquiam os ladrões. A organização criminosa era composta por três grupos, que formaram uma espécie de consórcio. A investigação foi separada em células, com cada uma tendo um inquérito próprio. As medidas necessárias à investigação tiveram autorização em tempo hábil pela procuradora da República Rita de Cássia Pereira Lemos e pelo juiz Danilo Fontenele Sampaio Cunha. As escutas eram feitas de forma ininterrupta e em conjunto com acompanhamentos, vigilâncias e filmagens.

Ao longo de cinco anos de investigação, foram identificados todos os participantes diretos e indiretos do roubo ao Banco Central, além dos que ajudaram na lavagem do dinheiro. As detenções ocorreram à medida em que provas eram coletadas. Dos 36 acusados, 27 foram presos. Segundo o delegado Antônio Celso, um terço do dinheiro foi recuperado,

O desdobramento da investigação evitou a repetição de crimes semelhantes. Uma pequena parte do dinheiro furtado em Fortaleza seria usada para patrocinar outras ações criminosas. Depois de dois meses de acompanhamento, os policiais federais identificaram o planejamento de outro grande assalto. Dessa vez, em Porto Alegre.

Os alvos seriam a Caixa Econômica e o Banrisul. De um prédio abandonado de oito andares, na esquina das ruas Caldas Júnior e Mauá, no Centro, partia um túnel, já com 50 metros escavados. Policiais do Comando de Operações Táticas foram acionados e ocuparam um imóvel ao lado. Disfarçados de pintores, eles levaram para lá armas, bombas e câmeras, de onde acompanharam toda a movimentação dos bandidos. Em 1º de setembro de 2006, os policiais invadiram o prédio abandonado e, em cinco minutos, prenderam 26 criminosos. As imagens da operação foram transmitidas em tempo real para o gabinete do diretor-geral Paulo Lacerda.

O assalto ao Banco Central de Fortaleza, o maior a um banco brasileiro, chegou aos cinemas em 2011. O crime praticado sem nenhum tiro virou filme dirigido por Marcos Paulo, com Lima Duarte, Giulia Gam e Milhem Cortaz nos papéis principais. O longa-metragem "Assalto ao Banco Central" levou quase dois milhões de espectadores aos cinemas. Um ano antes, outra produção, esta de ficção, retratara o grau de eficiência alcançado pela PF. O filme "Federal," com Carlos Alberto Riccelli e Selton Mello, mostrou a caça de agentes do Comando de Operações Táticas da Polícia Federal a um traficante internacional de drogas, interpretado pelo astro americano Michael Madsen – que participou de filmes como "Kill Bill", de Quentin Tarantino, e "007, um novo dia para morrer".

PARTE 3

LEGADO
Ciência policial
e ameaças

CAPÍTULO 25
Tropa de elite

A transferência da capital de Salvador para o Rio de Janeiro no Brasil-Colônia provocou disputas sociais no Nordeste entre os séculos 18 e 19. Mercenários foram arregimentados por políticos ou donos de terra e formaram milícias. Havia um terceiro grupo independente e errante. Eles se apropriavam do que achavam necessário, usando de violência, e foram tachados de inimigos públicos. A canga – madeira que prende o boi pelo pescoço – deu nome a esse grupo. O ápice dos cangaceiros foi no início do século 20 com Virgulino Ferreira da Silva, o Lampião. O Rei do Cangaço impunha o terror no Sertão.

Já no atual século, a pacata cidade de Pilão Arcado, na região de Juazeiro, norte da Bahia, com cerca de 30 mil habitantes, vivenciou dias de pânico. Em 25 de setembro de 2003, uma camionete Ford F-4000 e um Gol com 15 homens invadiram uma agência do Banco do Brasil atirando nas vidraças. Ao saírem com o dinheiro, foram cercados por 30 policiais federais e 12 policiais militares.

A Polícia Federal investigava a família Araquan, que controlava o tráfico de maconha na região. As informações desembocaram no assalto ao banco. Os líderes eram os primos Cleiton e Walter, mortos durante o tiroteio. Doze criminosos furaram o cerco e conseguiram fugir em direção ao Piauí. Eles se embrenharam na caatinga, na região do Morro do Sorango, de difícil acesso, mas com boa visão para atirar em quem se aproximava.

No dia seguinte, cerca de cem homens caçaram os fugitivos. Nos dois dias de operação, outros cinco integrantes do bando foram mortos. De dentro de um helicóptero, o agente federal Klaus Henrique Teixeira usava uma metralhadora em apoio aos policiais em terra. Ele foi atingido por um disparo de fuzil AR-15 e morreu.

No início do século 21, os primeiros casos do novo cangaço aconteceram no interior de Minas Gerais, na Bahia, em Goiás, no Pará e no Maranhão. A Divisão de Repressão aos Crimes contra o Patrimônio (DPAT) da PF, comandada pelo delegado Antônio Celso dos Santos, responsável por desvendar o furto ao Banco Central de Fortaleza, também assumiu as investigações sobre o novo cangaço, já que os crimes eram interestaduais.

Os trabalhos começaram em setembro de 2003. A Federal identificou 15 líderes. Eles tinham a função de levantar informações sobre um alvo, sempre onde a força policial era precária: áreas rurais com montanhas e cidades com muitas malhas viárias para facilitar a fuga. Cada líder formava grupos com um número que variava de 8 a 15 homens com um perfil violento, trazidos de vários estados e incumbidos do primeiro enfrentamento com a polícia. Também sequestravam ou subornavam funcionários e tinham o auxílio de policiais locais, que se deixavam corromper.

O modo de agir era sempre o mesmo: cercavam a delegacia ou o batalhão, muitas vezes cortando a energia, e usavam reféns como escudos. Detonavam explosivos e disparavam sem economizar munição. O terror servia para inibir reações. Com a cidade fechada, roubavam mais de um local em pouco tempo. Como os bandidos conheciam bem a caatinga, a mobilidade era intensa. Eles chegavam a ficar escondidos por vários dias na região se alimentando apenas de folhas. As estatísticas mostraram um aumento das ações entre novembro e fevereiro, período com mais circulação de dinheiro.

A Polícia Federal passou a acompanhar a movimentação dos criminosos e a identificar as lideranças através de fotos, vídeos e documentos, e o papel de cada membro do bando. O alvo era sempre o líder e, caso não fosse possível prendê-lo antes dos ataques, era acionado o Comando de Operações Táticas (COT).

* * *

Empregada em ações de alto risco, a tropa de elite da Federal foi idealizada no período de redemocratização para combater o terrorismo. Sua criação contou com apoio da Bundesrkriminalamt (BKA), a polícia federal alemã, por meio de um intercâmbio. O Comando de Operações Táticas foi inspirado no GSG9 da BKA. A doutrina do COT prioriza os direitos humanos: bandido desarmado é bandido preso.

Eduardo Betini e Fabiano Tomazi, ex-integrantes do COT, escreveram o livro "Charlie, Oscar, Tango – Por dentro do grupo de operações especiais da Polícia Federal" (Editora Ícone, 2010). Eles contam que os policiais podem ingressar no grupo após um ano na instituição. O curso "ralado", na linguagem dos policiais, exige o limite do ser humano por quatro meses. Na "semana do inferno", ficam até três dias sem dormir, molhados e com frio. Depois de aprovados, o treinamento ocupa 70% do tempo deles. Não há casos de corrupção na história do COT.

As operações são minuciosamente planejadas: seus integrantes recebem os dados da inteligência e vão ao local da ação estudar detalhes da intervenção. O roteiro deve conter o máximo de informações e o fator surpresa é essencial. São mobilizados atiradores de precisão, os *snipers*. O início da operação se dá com o grupo de assalto, equipado com armamento e proteção de última geração. Enfrentar o COT é quase um suicídio. Entre abril de 2018 e julho de 2019, um levantamento do Portal OP9 contabilizou 14 ações no Nordeste, com as mortes de um policial militar, seis civis e 79 criminosos.

Em 2009, a Federal criou nos estados o Grupamento de Pronta-Intervenção (GPI) para a primeira resposta em casos que exijam urgência. Em paralelo, o COT chega a qualquer lugar do país em até três horas e meia. O Curso de Técnicas de Intervenção para o GPI é ministrado pelo COT.

CAPÍTULO 26
Segurança pública

O Rio de Janeiro também foi uma das prioridades no primeiro mandato de Lula, e o Ministério da Justiça encarregou a Polícia Federal e a Secretaria Nacional de Segurança Pública de apoiar o estado, mesmo com o casal de opositores Rosinha e Anthony Garotinho à frente do governo.

Em 2002, a população fluminense se sentia desprotegida diante dos ataques do traficante Luiz Fernando da Costa, o Fernandinho Beira-Mar, que, mesmo preso, comandou o "11 de setembro carioca" – uma rebelião em Bangu 1, que terminou com quatro mortes. De um presídio no Rio, Beira-Mar ordenou uma onda de assassinatos e atentados contra alvos públicos: com a ajuda de agentes corruptos, advogados e visitas, ele liderava uma quadrilha na guerra contra o governo.

O governo federal defendia uma intervenção na segurança pública do estado. O marido da governadora Rosinha Matheus e então secretário de Segurança, Anthony Garotinho, resistiu e o ministro da Justiça, Márcio Thomaz Bastos, recuou. A alternativa foi criar na Superintendência do Rio um grupo de inteligência com a expertise da Polícia Federal. O levantamento dos dados e a análise das informações seriam repassados à Polícia Civil. O governo do Rio aceitou.

Para abrigar novos equipamentos de inteligência, a Superintendência precisava de uma reforma, que incluía a instalação de ar-condicionado e a construção de dormitório para os policiais que se revezariam 24 horas monitorando os suspeitos. O orçamento era de R$ 9 milhões (cerca de R$ 22 milhões em valores de 2020). Em agosto de 2003, o ministro Thomaz Bastos conseguiu os recursos. O diretor-geral Paulo Lacerda disponibilizou 50 policiais de vários estados, que ocuparam nove salas no segundo andar.

A urgência na cooperação era prioridade de Lula. Ele cobrava rapidez ao ministro da Justiça e destinou ao projeto uma verba ainda não utilizada do orçamento federal, de quase R$ 11 milhões (R$ 27 milhões em 2020). Lacerda conta que houve uma reunião com representantes do Tribunal de Contas e da Controladoria Geral da União para garantir que a pressa nas obras não gerasse problemas na prestação de contas.

Em paralelo, surgiu outro problema. Apesar do tombamento estadual, o prédio que sediou a Imprensa Nacional entre 1940 e 1975, e que desde então abriga a Superintendência da PF no Rio, corria o risco de desapropriação pelo projeto Porto Maravilha, que remodelaria aquela região da cidade. Havia sugestões para transformar a sede da Federal em escola, faculdade ou até mesmo num shopping. Lacerda teria que buscar outro endereço no Rio.

O arquiteto Luiz Paulo Conde, vice-governador de Rosinha Matheus, conversou com Lacerda sobre a reutilização do imóvel. A solução seria partir para um projeto de renovação do prédio que se adequasse ao de revitalização na Praça Mauá. Encomendado à Coppe/UFRJ, o estudo custou cerca de R$ 300 mil (R$ 730 mil em 2020). A área do edifício que dá para o Porto seria aberta e duas torres, construídas. O acesso mudaria da Rua Rodrigues Alves para a Avenida Venezuela.

Com a saída de Paulo Lacerda, o projeto de reconfiguração do prédio ficou de lado, mas a Polícia Federal permaneceu na Praça Mauá. A reforma interna, no entanto, foi 100% feita e sua inauguração aconteceu em 5 de novembro de 2003. Segundo o "Jornal do Brasil", os equipamentos de inteligência custaram R$ 20 milhões (R$ 49 milhões em valores de 2020). O delegado Luiz Fernando Corrêa, que se destacava no setor de Inteligência no Distrito Federal, assumiu a chefia da Missão Suporte para ajudar o Rio. O nome foi do próprio Corrêa, que ganhou visibilidade e seria escolhido por Thomaz Bastos, ainda em 2003, para substituir Luiz

Eduardo Soares na Secretaria Nacional de Segurança Pública.

Nos primeiros dez meses de ações articuladas entre agentes federais e policiais do Rio, 124 pessoas foram presas e uma grande quantidade de drogas, apreendida. O trabalho do grupo consistia na reunião e análise de dados e no monitoramento dos investigados. O resultado foi a apreensão de 43 armas com alto poder de fogo, além do confisco de mais de US$ 6 milhões. Este valor era suficiente para cobrir todo o investimento da Missão Suporte.

* * *

Outro personagem importante na segurança pública do Rio foi o delegado federal José Mariano Beltrame, que entrou na PF em 1981 como agente e integrou a equipe da Missão Suporte. Ainda na primeira metade da década de 80, o então agente se encontrava desmotivado. Após um longo período sem concurso, Beltrame conseguiu fazer a prova para delegado em 1993, com 30 mil candidatos. Apenas mil passaram para a segunda fase. Beltrame estava entre eles, mas não entrou.

A falta de uma estrutura que promova e motive os policiais federais a se tornarem gestores ainda é uma das principais reivindicações das entidades sindicais. As categorias defendem a alteração da Constituição e, através da Câmara dos Deputados, iniciaram em outubro de 2019 a tramitação de uma Proposta de Emenda Constitucional propondo uma reestruturação na PF. O policial federal e deputado Aluísio Guimarães Mendes Filho (PSC-MA) assinou a proposta.

O diretor do Sindicato dos Policiais Federais no Distrito Federal, Flávio Werneck, defende o ingresso único, como ocorre não só no FBI, mas em outras polícias dos Estados Unidos. Werneck é escrivão e ingressou na Federal em dezembro de 2003. Especialista em direito público e mestrando em criminologia pela Universidade de La Empresa de Montevidéu, no Uruguai, ele explica que não é ação em causa própria, mas uma forma de aprimorar as investigações.

A Federação Nacional dos Policiais Federais promove palestras para divulgar o sistema policial americano. O brasileiro Eliel Teixeira ocupa o cargo de *deputy sherif*, uma espécie de subsecretário de Segurança Pública, em Los Angeles. O xerife brasileiro se mudou com a família para os Estados Unidos quando tinha 15 anos. Ele concluiu a faculdade de administração pública e trabalhou no setor financeiro e na área de telecomunicações antes de fazer concurso para o Departamento de Xerifes do Condado.

As atribuições de um xerife são cuidar das cadeias, do transporte de presos, da segurança dos fóruns e dos juízes, além de fazer policiamento ostensivo e investigar crimes. Há um forte apoio de analistas, que monitoram os índices de criminalidade, com metas claras e objetivas. A média de elucidação de homicídios varia entre 73% e 78%. O xerife é sobretudo um gestor, mas para chegar ao cargo o pré-requisito é ter sido policial de rua.

Na Polícia Federal, só delegados ocupam cargos de gestão. Agentes, escrivães e papiloscopistas reclamam que a PF é uma das poucas instituições com concurso exclusivo para chefes. Na prova para delegado em 2003, muitos candidatos reprovados no exame físico ingressaram com ações na Justiça para seguir no processo de seleção. Beltrame ficou na 896º colocação e, como a fila não andava, entrou com uma ação judicial.

O ministro Márcio Thomaz Bastos, como um bom criminalista, encontrou uma brecha na lei. Ele emitiu um despacho no fim de 2003 permitindo o aproveitamento dos candidatos que já eram policiais federais e tinham alguma ação judicial naquele sentido. Nomeações como a de Beltrame foram uma solução legal para evitar que advogados colocassem em dúvida, na Justiça, os inquéritos presididos pelos delegados sub judice.

– Isso foi formidável, porque a Federal estava encrencada. O doutor Márcio conversou comigo na época, trouxe essa proposta e eu disse que isso iria ajudar muitos. Ele falou: "Vamos ver os casos que podem" – diz Lacerda.

José Mariano Beltrame desembarcou no Rio ainda em 2003 para ser um dos coordenadores da Missão Suporte por sua experiência em inteligência. Ele se destacou e foi escolhido pelo governador Sérgio Cabral para assumir a Secretaria de Segurança em 2007, em substituição ao delegado federal Roberto Precioso Jr., o "mito da PF" que prendeu duas vezes Tommaso Buscetta. Precioso estava no cargo desde março de 2006 e já havia substituído outro delegado federal, Marcelo Itagiba.

Beltrame ficou quase dez anos à frente da Segurança Pública do Rio e saiu praticamente ileso das denúncias sobre a organização criminosa comandada pelos governadores Sérgio Cabral e Luiz Fernando Pezão. Em outubro de 2016, um mês antes de Cabral ser preso, Beltrame pediu para sair do cargo.

Beltrame foi o secretário de Segurança com os melhores resultados no Rio, muito em função da política de Sérgio Cabral de conferir autonomia a um gestor técnico. O índice de homicídios caiu à metade entre 2007 e 2015, de acordo com dados da Universidade de São Paulo. Essa estratégia vitoriosa se deveu principalmente às Unidades de Polícia Pacificadoras e ao aumento do policiamento ostensivo.

A gestão de Beltrame foi marcada também pelo trabalho de inteligência. Segundo ele, o modelo da Polícia Federal implantado no Rio incrementou a troca de dados entre as polícias Civil e Militar. O método de sistematização das informações foi o primeiro e decisivo passo para enfrentar a criminalidade. Além de Beltrame, a Polícia Federal indicou, a pedido de governadores, 16 delegados para o comando da segurança em diferentes estados.

CAPÍTULO 27
Penitenciárias federais

Os sistemas penitenciários estaduais também foram beneficiados pela evolução da Polícia Federal. Um dos objetivos de Márcio Thomaz Bastos à frente da Justiça era criar o Sistema Penitenciário Federal. Previstas desde a promulgação da Lei de Execução Penal em 1984, as prisões foram incluídas no plano de segurança pública do governo como "presídios federais para condenados por crimes de competência da Justiça Federal".

Até então, esses presos ficavam em carceragens nas superintendências ou em cadeias estaduais, contribuindo ainda mais para a superlotação e precariedade das administrações penitenciárias. Paulo Lacerda lembra que o Departamento Penitenciário Nacional ficaria subordinado à Polícia Federal, com os agentes penitenciários inseridos no quadro de pessoal da PF. Em 2007, um ano depois da inauguração da primeira unidade, o Departamento Penitenciário Federal (Depen) passou a ter status de secretaria.

O então diretor de Administração e Logística, Alciomar Goersch, conta que a região de Catanduvas, no interior do Paraná, a 470 quilômetros de Curitiba, local da primeira penitenciária federal, não tinha condições estruturais para receber presos. O sistema de radiocomunicação adquirido com os recursos do financiamento Pró-Amazônia/Promotec foi uma das contribuições da Federal ao Depen. Dezenas de sistemas automáticos de retransmissão de sinais foram comprados: 35 repetidoras fixas e 28 móveis; 275 rádios móveis; e mais de dois mil rádios comunicadores HT digitais. A Federal possibilitou a comunicação nos lugares mais remotos, onde não havia sinais de celular.

Em 19 de outubro de 2001, Fernandinho Beira-Mar, o maior traficante da época, foi preso na selva colombiana pelo exército daquele país e trazido ao Brasil, três dias depois, pela equipe do Comando de Operações Táticas da PF de Tabatinga, no Amazonas. Em 2002, após a rebelião em Bangu 1, o "11 de setembro carioca", ele foi transferido para a Penitenciária de Presidente Bernardes, no interior de São Paulo, mas o governo paulista não admitia custodiá-lo por se tratar de um preso federal. Beira-Mar ficou pouco tempo lá, até iniciar um périplo por carceragens de vários estados, entre elas as de Santa Catarina e Alagoas. Segundo Paulo Lacerda, as transferências constantes visavam desarticular os contatos do preso nas cidades. Em Florianópolis, por exemplo, foi descoberto um plano para resgatá-lo com a ajuda de uma advogada.

Na Superintendência do Distrito Federal, um policial se infiltrou na carceragem fazendo-se passar por preso. O traficante então teve acesso a um celular e suas conversas foram monitoradas. A interceptação telefônica comprovou que ele continuava comandando o crime. Um caminhão com 230 quilos de cocaína, 30 quilos de crack e seis quilos de haxixe foi interceptado em julho de 2006, na Via Dutra. A droga iria para a Favela Beira-Mar, em Duque de Caxias, Baixada Fluminense, base do traficante.

A Penitenciária Federal de Segurança Máxima Especial de Catanduvas foi inaugurada em 23 de junho de 2006. Beira-Mar foi o único "hóspede" por quase um mês. O primeiro diretor do lugar, o delegado federal Ronaldo Urbano, chefiara a Delegacia de Repressão a Entorpecentes do Distrito Federal antes de assumir o presídio. Os principais cargos nas prisões federais eram indicações da PF, apesar de o Depen ser dirigido por Mauricio Kuehne, um promotor de Justiça do Paraná.

Ainda no fim de 2006, novos ataques a alvos públicos foram comandados por líderes de facções criminosas presos no Rio. Segundo informações que circulavam nos presídios do Complexo do Gericinó, durante as ações, iniciadas em 28 de dezembro, o novo governo, que assumiria dias depois, iria transferir seis detentos para a penitenciária federal. Os bandidos queriam negociar a permanência deles no estado e por isso ordenaram os ataques.

A transferência, de fato, ocorreu. O governador eleito Sérgio Cabral autorizou o novo secretário de Segurança Pública, José Mariano Beltrame, a tirar presos do Rio. E não apenas seis: 12 foram para Catanduvas. O secretário avisou que o número poderia aumentar caso detentos insistissem em confrontar o poder público. Ele advertiu que o Rio tinha à disposição 182 vagas em penitenciárias federais, já que em dezembro de 2006 mais uma unidade da União fora inaugurada em Mato Grosso do Sul.

As ações orquestradas nos presídios e executadas nas ruas geravam pânico permanente. A criação do Sistema Penitenciário Federal aliviou a tensão dos estados em controlar presos perigosos. Desde o começo das transferências de líderes de facções criminosas, cessaram os ataques ordenados da cadeia. As rebeliões foram reduzidas praticamente a zero.

CAPÍTULO 28
Vitrine internacional

Realizar uma Olimpíada sempre foi um sonho dos governantes brasileiros, que começou a se tornar real em 24 de agosto de 2002, ainda na era FHC, quando o Rio foi escolhido sede dos Jogos Pan-Americanos de 2007. O prefeito Cesar Maia dava o primeiro passo para que as Olimpíadas acontecessem no Rio.

Os recursos destinados ao Pan 2007 foram disputados pelos ministérios da Defesa e da Justiça. Os militares defendiam o modelo aplicado na Conferência das Nações Unidas sobre o Meio Ambiente e Desenvolvimento, a Eco-92, que concentrava os investimentos em armamento e pessoal apenas para os dias do evento. A equipe de Márcio Thomaz Bastos preferia um planejamento de longo prazo. Em 2005, o governo federal decidiu que, pela primeira vez, as Forças Armadas não participariam da coordenação de um evento deste porte. A Secretaria Nacional de Segurança Pública do Ministério da Justiça, comandada por Luiz Fernando Corrêa, administrou os recursos. A Polícia Federal, de Paulo Lacerda, ficou responsável pela troca de informações entre todos os setores de inteligência.

O Comando de Operações Táticas da Federal, especializado em ações antiterroristas, treinou com o Bope em agosto de 2006. Entre 13 e 29 de julho de 2007, o maior evento multiesportivo realizado no Brasil até então contou com a participação de 2.500 policiais federais. No dia do encerramento, uma pesquisa da Fecomércio indicou a segurança pública como o ponto alto do Pan. O índice de criminalidade caiu 60% durante os jogos. O jornal "O Globo" cravou: "Efeito Pan: cidade virou vitrine internacional e se gabaritou para outros eventos". Dois dias depois, o presidente Lula anunciou que 75% do aparato de segurança seria destinado ao Rio e o governador Sérgio Cabral chamou a herança do Pan de "legado da concórdia". Ainda em 2007, em 30 de outubro, como candidato único, o Brasil foi confirmado como sede da Copa do Mundo de 2014.

A grande expectativa eram as Olimpíadas. O Rio parou na sexta-feira 2 de outubro de 2009 para acompanhar o anúncio do Comitê Olímpico Internacional. A cidade havia sido preterida para os Jogos de 2012 e, desta vez, a candidatura para 2016 tinha adversários poderosos: Chicago, Tóquio e Madri. A cerimônia em Copenhague, na Dinamarca, foi transmitida ao vivo e um grande palco, montado na Praia de Copacabana. Às 13h51 o orgulho tomou conta da população quando a cédula com o nome do Rio foi exibida. Os shows na orla se estenderam até domingo. Depois de três tentativas frustradas, o Rio seria a primeira cidade da América do Sul a sediar os Jogos Olímpicos.

Em 1º de agosto de 2011, já no governo Dilma, foi criada a Secretaria Extraordinária de Segurança para Grandes Eventos (Sesge), subordinada ao Ministério da Justiça. Sua missão era planejar a segurança para a Jornada Mundial da Juventude, a Copa das Confederações, em 2013, a Copa do Mundo, no ano seguinte, e as Olimpíadas e Paralimpíadas, em 2016. O Decreto Nº 7.538 também previa a extinção do órgão em 31 de julho de 2017.

O delegado federal Andrei Passos Rodrigues esteve à frente da secretaria e se destacou pela capacidade de liderança na integração entre as diversas instituições de segurança envolvidas nos eventos. Do valor de R$ 1,9 bilhão (cerca de R$ 3 bilhões em valores de 2020) investido em treinamento e material, R$ 70 milhões (R$ 94 milhões em 2020) foram para os Centros Integrados de Comando e Controle, espalhados pelas cidades da Copa do Mundo. O que havia de mais moderno em tecnologia foi herdado depois pelas polícias estaduais.

A Sesge desenvolveu ferramentas para auxiliar na gestão da segurança em grandes eventos. O software Colossus acompanhava fontes abertas (informações disponíveis em livros, notícias e banco de dados que não exigem uso de senha), ajudando estados e a própria Federal em investigações rápidas, sem a necessidade de solicitação judicial. Outro programa importante foi o Background Check, plataforma que integrou os bancos de dados, inclusive o da PF, via Interpol, permitindo realizar 75 mil checagens por dia, em tempo real, durante os Jogos Olímpicos.

O modelo de organização e a cooperação entre agências receberam elogios da Interpol, e a França os adotou em seu campeonato de futebol. Para a segurança das autoridades, a Federal desenvolveu um protocolo que envolvia vários órgãos como o Samu e as secretarias de Transportes e de Defesa. A Sesge também inovou na criação do Centro de Cooperação Policial Internacional e do Centro Integrado Antiterrorismo (Ciant), que teve o apoio de policiais de diferentes países, especializados no combate ao terrorismo.

A Lei Antiterrorismo foi sancionada por Dilma Rouseff em março de 2016. Em 21 de julho de 2016, duas semanas antes da abertura das Olimpíadas, já com Michel Temer ocupando a Presidência, foi deflagrada a Operação Hashtag. Era a primeira ação contra o terrorismo no Brasil após a aprovação da lei: dez suspeitos de planejar ataques que ocorreriam durante os Jogos foram detidos em dez estados e levados para o presídio de segurança máxima de Campo Grande, no Mato Grosso do Sul.

O ministro da Justiça, Alexandre de Moraes – hoje ministro do STF –, colocou-se à frente das entrevistas. A cobertura do caso ganhou grande destaque e, apesar da espetacularização da operação, o próprio ministro declarou que "aparentemente era uma célula amadora, sem nenhum preparo". Segundo reportagem do jornal "El País", os depoimentos dos suspeitos não tiveram a presença de advogados. Das prisões temporárias, quatro foram convertidas em preventivas. As investigações apontaram para uma troca de mensagens e intenção de cometer ato terrorista e "oito terroristas amadores", como classificou Alexandre de Moraes, receberam a primeira sentença com base na Lei Antiterrorismo. As Olimpíadas transcorreram sem nenhum incidente.

CAPÍTULO 29
Diário secreto

A transformação da Polícia Federal só se tornou possível graças ao envolvimento dos próprios servidores na busca por mudanças e condições políticas para a gestão técnica de um órgão público. Aliado a isso, o posicionamento firme do ministro Márcio Thomaz Bastos dentro do governo garantiu independência ao gestor da Polícia Federal.

Mas nem tudo foram flores. O diretor-geral Paulo Lacerda encontrou muitas dificuldades no início do governo petista. Diante de algumas incertezas, chegou a estipular o prazo de um ano para tentar "arrumar o que pudesse" dentro da corporação. Thomaz Bastos, porém, bateu o pé e exigiu que Lacerda ficasse à frente da PF pelo tempo em que ele fosse ministro. Seus planos eram de permanecer no ministério apenas por um mandato.

Um dos grandes criminalistas do país, Márcio Thomaz Bastos participou de seu primeiro júri em 1957, um ano antes de se formar na Faculdade de Direito da Universidade de São Paulo. No total, atuou em mais de 500 julgamentos, presidiu o Conselho Federal da OAB entre 1987 e 1988, e fez parte das discussões da Assembleia Nacional Constituinte.

A aproximação com Lula ocorreu quando a OAB se solidarizou às greves no ABC. Em 1979, ele fez uma palestra no Sindicato dos Trabalhadores e nascia ali uma amizade que se tornaria cada vez mais sólida. Sempre foi próximo também de José Dirceu, ex-ministro de Lula. José Diogo Bastos, pai de Márcio, foi médico dos avós de Dirceu e padrinho de casamento dos pais do ex-ministro da Casa Civil. Essa familiaridade não impediu que Thomaz Bastos pedisse, em nome de Lula, para que Dirceu deixasse o governo após os escândalos do Mensalão, um esquema de propina paga a parlamentares em troca de apoio ao governo do PT.

Para muita gente próxima a Lula, o segundo homem do governo nunca foi José Dirceu. O próprio Dirceu, em sua autobiografia lançada em 2018 pela Geração Editorial, diz que Márcio Thomaz Bastos era uma espécie de irmão mais velho e, por ser muito amigo de Lula, um conselheiro político do presidente. Chegou, inclusive, a influenciar na escolha de seis ministros do STF. Uma das disputas mais tensas no primeiro governo Lula, aliás, foi a indicação de Cesar Peluso para o Supremo. José Dirceu o considerava conservador e se posicionou contra. Thomaz Bastos ameaçou pedir demissão e Lula precisou intervir. "Vocês são cu e calça, então se entendam, porque não quero perder Márcio de forma nenhuma", ordenou Lula, forçando Dirceu a ceder.

O próprio Márcio Thomaz Bastos poderia ter ido para o STF. Ele dizia, porém, que não sabia ser imparcial e que precisava escolher um lado para defender. O criminalista sempre foi mais recompensado como advogado do que como ministro. Defendeu de Antônio Carlos Magalhães a Lula; de Eike Batista a Chico Mendes; de Edir Macedo a Roger Abdelmassih. Não importava a posição, a ideologia, o poder aquisitivo, o crime. Embora tivesse uma reconhecida proximidade com o PT, a diversidade de clientes indicava que seu partido era o estado democrático de direito.

O senso comum tem dificuldade em entender como um advogado pode defender até criminosos convictos. Alguns são acusados de mercenários e antiéticos. É necessário lembrar que o Brasil não tem pena de morte nem prisão perpétua. Independentemente do crime cometido, o cidadão tem a garantia do devido processo legal e da ampla defesa. Thomaz Bastos, aliás, se valia de uma máxima: "O mal vai acontecer. Então, vamos ver o menos mal". Como ele, outros criminalistas criam estratégias de defesa para abrandar penas: estudam e buscam brechas nas leis. Cabe aos legisladores preencher as lacunas e inibir crimes similares. É assim que as leis evoluem. Faz parte do jogo democrático. Como ministro, Thomaz Bastos fortaleceu o trabalho da Polícia Federal para combater essas mesmas estratégias dos advogados de defesa.

Quando assumiu o cargo, Thomaz Bastos abriu mão de seus clientes e entregou os casos em andamento a antigos sócios. Eram mais de mil nomes, que ele listou e fez questão de mostrar a Paulo Lacerda. "Você vai me ver conversando com alguém e achar que é meu cliente. Pode ter certeza que ele foi meu cliente, mas não é mais", disse ao diretor da PF.

Márcio Thomaz Bastos planejou reestruturar a Polícia Federal, efetuar a reforma do Judiciário e criar o Conselho Nacional de Justiça e o Sistema Penitenciário Federal. Tudo isso foi alcançado. Assim como tinha carta branca de Lula, deu liberdade ao diretor-geral da Polícia Federal para reestruturar a instituição. Não só fazia a ponte entre Lacerda e Lula, especialmente para conseguir recursos, como também era um escudo contra ataques à PF, que muitas vezes partiam de integrantes do próprio governo.

Acostumados a interferir nas nomeações, políticos chegaram a formalizar indicações, através de ofícios. A prefeita de Fortaleza, Luizianne Lins (PT), que tomou posse em 2005, apresentou o nome de um escrivão para a Superintendência da Federal no Ceará. "Não vou entrar no mérito de ser escrivão. Ele deve até ser um bom profissional, mas o nosso critério não é esse. É um critério técnico, não político", explicou Lacerda. Mesmo com a negativa, a prefeita insistiu: "O senhor não está entendendo. Essa área da Polícia Federal é do meu grupo". Com jeitinho, Lacerda tratou de não ceder.

Casos assim eram frequentes, mas volta e meia descambavam para a arrogância comum a muitos políticos. O deputado federal José Janene, então líder do Partido Progressista na Câmara, perguntou a Lacerda: "Você não sabe quem eu sou? Sou um homem do governo! Eu sou o líder do PP!". Lacerda retrucou: "Já está acertado com o ministro da Justiça e com o presidente da República de não ter interferência política na Polícia Federal. Se for ter que atender ao senhor, teremos que atender também a outro. Então, não vamos atender a ninguém". Lacerda encerrou a conversa com um conselho ao parlamentar: "Em vez de ficarmos aqui discutindo, faz o seguinte: arruma dois nomes, um deles para o meu lugar. E para o senhor não se desgastar indo ao presidente, vai primeiro ao ministro da Justiça". Mais tarde, Janene teria seu nome envolvido em desvio e lavagem de dinheiro público, como um dos mentores do esquema de corrupção na Petrobras, investigado pela Operação Lava Jato. Ele morreu em 2010, aos 55 anos.

Outro a ter um pedido negado foi Waldomiro Diniz, que havia sido presidente da Loterj em 2002. Diniz era subchefe de Assuntos Parlamentares, subordinado a José Dirceu na Casa Civil, que pediu a Paulo Lacerda para recebê-lo. O caso do Mensalão, denunciado por Roberto Jefferson, estourou após a revista "Época" divulgar uma fita gravada em 2004, em que Diniz extorquia o contraventor Carlos Augusto Ramos, o Carlinhos Cachoeira.

O apoio de Márcio Thomaz Bastos foi fundamental para garantir uma polícia independente, como exigiu Lacerda antes de assumir o cargo. O ex-diretor-geral da PF, que conviveu de perto com o ministro da Justiça durante anos, conta que Thomaz Bastos tinha uma capacidade impressionante de manter a calma nas piores situações. Era um conciliador.

– O doutor Márcio conseguia assimilar um problema sem alterar a fisionomia. Ele recebia uma notícia ruim e continuava tomando seu cafezinho. Poderia ser a pior notícia que fosse – lembra Lacerda.

Os dois permaneceram amigos após a saída de ambos do governo. Também apreciador de vinho, Paulo Lacerda passou a frequentar a casa de Thomaz Bastos, que o convidou para trabalhar como advogado, mas Lacerda não aceitou.

Num perfil publicado em 2009 na revista "Piauí", assinado por Luiz Maklouf Carvalho, ao ser perguntado se seria lembrado pela atuação como ministro de Justiça que defendeu Lula, Thomaz Bastos disse: "Daqui a 50, cem anos, vou entrar para a história como o ministro que fez a reforma do Poder Judiciário e uma revolução na Polícia Federal".

Depois de sair do governo, Márcio Thomaz Bastos atuou em casos em parcerias com advogados amigos. Em 2014, seis meses após o início da

Lava Jato, ele e o advogado José Gerardo Grossi estiveram no gabinete do procurador-geral da República, Rodrigo Janot, representando as empreiteiras investigadas na operação. Thomaz Bastos propôs um acordo administrativo. Janot conta no livro "Nada menos que tudo" (Editora Planeta, 2019) que fez uma contraproposta, mas o ex-ministro não retornou por problemas de saúde. Pouco depois foi internado no Hospital Sírio-Libanês, em São Paulo, onde mesmo assim despachou com advogados que trabalhavam na defesa das empreiteiras Odebrecht e Camargo Corrêa.

Márcio Thomaz Bastos morreu na manhã de 20 de novembro de 2014, em decorrência de complicações no pulmão. O advogado deixou para a mulher e a filha uma herança de R$ 393 milhões (R$ 521 milhões em valores de 2020). O bem mais valioso do espólio, no entanto, pode ser o diário escrito no período em que foi ministro. O inventário contém instruções expressas sobre a divulgação do material, atualmente guardado no Arquivo Nacional: o conteúdo só poderá ser conhecido após se completarem 50 anos de sua morte. Thomaz Bastos tinha certeza de que os relatos desagradariam gente com quem conviveu. Certamente o ministro aprendeu com seus subordinados da Polícia Federal a importância do sigilo. É provável que se terá, então, uma versão plena da trajetória de transformação da PF, que atravessou um período conturbado após sua saída do ministério.

CAPÍTULO 30
Rede de intrigas

O trabalho na Polícia Federal cacifou Paulo Lacerda. Ele se tornou um nome disputado no governo. Reeleito, Lula iniciou "contatos oficiais" para a reforma de seu ministério e o primeiro posto a ser preenchido seria o da Justiça. Márcio Thomaz Bastos se manteve irredutível em sua decisão de deixar a pasta, após quatro anos no cargo. A "Folha de S. Paulo" noticiou em 17 de novembro de 2006 que Paulo Lacerda também entregaria a direção-geral da PF. Especulava-se que ele iria comandar a Abin (Agência Brasileira de Inteligência), a CGU (Controladoria Geral da União) ou o INSS.

Em 1º de janeiro de 2007, dois meses antes da troca de ministros, Lacerda disse ao site do Sindicato dos Policiais Federais do Distrito Federal que seu propósito era tornar a Federal um exemplo de instituição. No entanto, ele estava cansado após quatro anos e com o sentimento do dever cumprido. Na publicação havia um pequeno editorial com a seguinte observação: "Sua gestão à frente da Polícia Federal conquistou o respeito e a confiança da opinião pública, tornou a instituição motivo de orgulho do governo federal e até mesmo dos próprios agentes e delegados federais".

Thomaz Bastos deixou o governo em 16 de março. Na solenidade de transmissão de cargo, Lula, emocionado, agradeceu ao amigo: "Minha mãe me disse: 'Você só vai dar valor às coisas quando não tiver mais essas coisas'. Márcio, o Brasil é grato por um dia você ter aceito ser ministro da Justiça deste país". O então ministro das Relações Institucionais, Tarso Genro, advogado trabalhista e político petista, foi o escolhido para substituí-lo.

Naquele momento, Thomaz Bastos intermediou uma conversa entre Lacerda e Tarso Genro. O novo ministro entendeu que Lacerda estava forte politicamente e não podia ser substituído. Genro pediu que Paulo Lacerda permanecesse até ele "tomar pé da situação" e o diretor-geral propôs ficar mais um ano. O prazo, porém, começou a ser colocado em dúvida dois meses depois, em maio de 2007, com a deflagração da Operação Navalha. Delegados e superintendentes foram grampeados em conversas com os investigados. A apuração havia começado em 2005, com o nome de Octopus, porque visava uma organização no Nordeste com oito segmentos do empresariado local, conhecido como G8. Entre os suspeitos, estavam Ulisses de Souza, ex-procurador-geral do Maranhão, e Zuleido Soares Veras, dono da construtora Gautama.

No dia seguinte às prisões, em 18 de maio, o ministro do STF Gilmar Mendes concedeu quatro habeas corpus. Segundo reportagem da "Folha de S. Paulo", Mendes "revogou as prisões porque as considerou sem fundamento e que, para isso, não precisaria examinar os documentos do inquérito". Menos de uma semana depois de deflagrada a operação, o ministro já havia analisado 27 pedidos de relaxamento de prisão. Acatou sete e negou três.

Na época, Gilmar Mendes reagiu a notas postadas na internet por delegados, que questionavam a concessão dos habeas corpus. Dois dias depois da operação, uma lista de autoridades que teriam recebido presentes e mimos da Gautama chegou às mãos dos jornalistas. A notícia com a relação de agraciados pela Gautama incluía o nome de Gilmar Mendes e foi publicada pelo site do jornal "O Globo".

Os jornalistas procuraram o chefe de Comunicação da PF, François René, que não tinha conhecimento do documento. Ele não confirmou, mas também não negou sua veracidade e alertou que poderia se tratar de um homônimo. Isso porque, dois anos antes, o diretor-geral Paulo Lacerda fora vítima de uma lista divulgada pela revista "Veja", com suspeitas de que teria uma conta no exterior: tratava-se de uma pessoa com o mesmo nome.

Quem vazou a informação seria gente insatisfeita com as decisões do STF, ou os próprios advogados, com o objetivo de desqualificar a operação. Os autos foram acessados no dia seguinte às prisões. Gilmar Mendes atacou a gestão da Federal e mais especificamente a Comunicação. Ele considerou uma "canalhice" o vazamento do inquérito e disse que a PF agia com métodos fascistas. À "Folha de S. Paulo", em 24 de maio de 2007, Gilmar afirmou que havia uma "estrutura de marketing para valorizar o trabalho da PF e depreciar a Justiça".

Segundo René, para evitar vazamentos, os policiais da Comunicação não eram informados sobre diligências de investigações em segredo de justiça. Ele garante que não dava exclusividade para um ou outro veículo:

– A Polícia Federal, como um órgão do governo, tratava a Globo da mesma forma que uma rádio de cidade pequena. Afinal de contas, a informação é pública. O que acontecia era que um ou outro jornalista vinha com uma notícia apurada e a Polícia Federal fornecia as informações possíveis – lembra René.

Na lista da Gautama, de fato havia um homônimo, chamado Gilmar de Melo Mendes, ex-secretário da Fazenda de Sergipe. O ministro do STF – cujo nome completo é Gilmar Ferreira Mendes – encontrou o ministro da Justiça, Tarso Genro, em uma exposição no Supremo e teria reclamado de vazamentos. Genro garante que nunca houve interferência ou qualquer tipo de constrangimento.

– Nunca tive dele *(Gilmar Mendes)* nenhum pedido ou insinuação que ferisse a minha condição de ministro ou alargasse ilegalmente a sua responsabilidade como ministro do Supremo. Tivemos, sim, algumas divergências sobre algumas ações da PF, mas eram questões de natureza técnica, que foram discutidas de forma transparente e não deixaram nenhuma marca negativa nas nossas relações funcionais – explica Tarso Genro.

O ministro do STF Gilmar Mendes não respondeu ao pedido de entrevista para esse livro, feito à Coordenadoria de Imprensa do Supremo.

Sem a figura de Márcio Thomaz Bastos, a Polícia Federal ficou mais exposta a ataques. Além disso, a disputa interna por uma provável substituição de Paulo Lacerda também enfraquecia a cúpula da instituição. Zulmar Pimentel era o mais cotado. Outro nome era o do diretor de Inteligência, Renato Porciúncula.

***

Um dos policiais flagrados na Operação Navalha conversando com os suspeitos foi João Batista Paiva Santana, superintendente no Ceará. Segundo Zulmar Pimentel, o diálogo não tinha ligação com a operação, mas mesmo assim a informação foi encaminhada à Diretoria de Inteligência Policial (DIP).

As outras forças-tarefas estavam a todo vapor. E a Octopus ficou parada. A mudança do nome da operação para Navalha, aliás, foi uma provocação, segundo Pimentel. A orientação era para "segurar" porque o superintendente suspeito estava participando de outra operação. Lacerda, mesmo assim, decidiu substituí-lo.

– Era a nossa prática: quando chamávamos um colega para um cargo importante, como é o de superintendente, ele vem pessoalmente, mostra as expectativas, as diretrizes, e tal. Então, não achamos correto telefonar para dizer que ele estava sendo exonerado. Falamos pessoalmente – lembra Zulmar Pimentel.

Na mesma época da Operação Navalha, em 28 de maio de 2007, Pimentel estava em Manaus, em uma escola de selva da Polícia Federal, quando foi afastado pela ministra do Superior Tribunal de Justiça, Eliana Calmon, por um suposto vazamento. Dois anos depois, ele foi inocentado. A conclusão era a de que fora vítima de acusações sem fundamento de dois delegados.

– Ainda com o processo correndo me indicaram para ser corregedor-geral do Sistema Penitenciário Federal. A própria Administração da PF me indicou. Todos aprovaram.

Zulmar Pimentel assumiu a Corregedoria do Departamento Penitenciário Nacional em março de 2009. Ficou um ano no cargo. Depois, foi convidado para ser secretário de Segurança Pública no Amazonas. Pediu exoneração em outubro de 2011. O delegado serviu como adido no Paraguai por dois anos, antes de voltar ao Brasil e trabalhar mais um ano, até se aposentar em 2015. Hoje, ele comanda o controle remoto da televisão em casa, como faz questão de ressaltar.

***

No mês seguinte à Operação Navalha, em 4 de junho de 2007, foi deflagrada uma megaoperação para reprimir o jogo ilegal com máquinas de caça-níqueis e videobingo. Agentes da Operação Xeque-Mate entraram na casa de Genival Inácio da Silva, o Vavá, um dos 15 irmãos do presidente Lula, em São Bernardo do Campo. Vavá era amigo do empresário Dario Morelli Filho, que por sua vez tinha ligações com Nilton Cezar Servo, ex-deputado estadual do Paraná e dono de máquinas caça-níqueis em Campo Grande. O irmão do presidente fora flagrado em interceptações telefônicas e, em uma delas, pedia a Dario "dois pau". Vavá prometia resolver alguns problemas para o empresário. Mais de cem pessoas foram indiciadas e 80, presas. A PF indiciou Vavá por suposto tráfico de influência.

Lacerda reconhece que houve exagero, já que não tinha necessidade de os policiais ficarem um dia inteiro na casa de Vavá. Nas buscas foram encontrados quatro ou cinco papéis, dispensados posteriormente por não terem relação com os fatos. Ao mesmo tempo, Lacerda entende que os policiais preferiram ouvir o irmão do presidente Lula na própria residência, em vez de chamá-lo à PF para depor.

O ex-porta-voz da PF Reinaldo de Almeida César descreveu Vavá como alguém que se vangloriava de contatos que não tinha e de prometer facilidades que jamais entregaria. Em um dos diálogos, Vavá pedia ao interlocutor "arranja dois pau pra eu". A suspeita era de que o pedido poderia ser de R$ 2 milhões (cerca de R$ 4 milhões em valores de 2020), mas se tratava de R$ 2 mil. O fato virou estudo de caso e piada na Academia Nacional de Polícia.

Lula estava na Alemanha no dia da operação, num encontro do G8, grupo que reunia as oito maiores economias mundiais. Quando voltou ao Brasil, não se lamentou com Paulo Lacerda, mas apenas perguntou: "Você conhece o Vavá?". Lacerda diz que não encarou o questionamento como pressão.

O Ministério Público Federal em Mato Grosso do Sul apresentou denúncia contra 39 pessoas, mas excluiu Vavá. A parte dele foi remetida para apuração da PF em São Bernardo do Campo. Vavá morreu de câncer no pulmão em 29 de janeiro de 2019.

* * *

Nos dois dias que se seguiram à Operação Xeque-Mate, havia rumores na Polícia Federal de que Paulo Lacerda estaria insatisfeito, impaciente e entregaria o cargo a qualquer momento. A disputa interna alimentava uma máquina de fofocas. Lacerda diz que se alguém "começou a vacilar" em não cumprir o prazo estipulado foi o ministro Tarso Genro.

Boatos davam conta de que Genro já tinha escolhido o substituto de Lacerda. Questionado, o ministro negou qualquer mudança e ainda aproveitou uma coletiva, em 6 de junho de 2007, para tentar unificar o discurso: "Se tem algum setor dentro ou fora da Polícia Federal que entende que o doutor Lacerda é interino ou que está esperando substituição, é bom comprar um banquinho. Não há nenhuma visão do governo, nem minha, nem do presidente, de que o doutor Lacerda é interino. Ele continua e vai permanecer no cargo".

CAPÍTULO 31
Fim do espetáculo

Um homem discreto, simples, introspectivo e um tanto litúrgico. É assim que as pessoas que trabalharam com Paulo Lacerda o definem – há frequentemente a deferência do uso de "doutor" antes do nome. Ele tentava passar despercebido pelos repórteres, mas não fugia deles, tanto que em 2007 aceitou dar uma palestra no "2º Seminário sobre o Crime Organizado" na Associação Brasileira de Jornalismo Investigativo (Abraji), na PUC-Rio.

Até aquela terça-feira 28 de agosto havia mais de cem mil investigações em curso na Polícia Federal. No evento, o então diretor-geral apresentou o balanço do ano anterior: 115 operações, 1.959 presos, dos quais 260 (12%) eram agentes públicos. Um telefonema urgente, porém, interrompeu Lacerda em plena palestra. Do outro lado da linha, o ministro da Justiça, Tarso Genro, informava que teria um compromisso importante no Rio Grande do Sul, no dia seguinte, mas não poderia comparecer. Pediu que Lacerda o representasse. Ele estranhou, já que o ministro não lhe pedira nada semelhante nos cinco meses em que comandava a pasta da Justiça.

Embora não estivesse em seus planos representar o ministro em evento social, Lacerda compareceu ao almoço anual dos empresários e comerciantes da Federação das Associações Comerciais e de Serviços do Rio Grande do Sul (Federasul). Respondeu a perguntas sobre supostos exageros da Federal nas buscas e nas escutas e falou das propaladas pirotecnias nas operações. Defendeu que a ostensividade servia para desestimular reações e surpresas, importante para que as prisões ocorressem sem disparos.

Lacerda explicou que a deflagração de uma operação visava surpreender os alvos e desarticular potenciais cúmplices. As prisões deveriam ocorrer ao mesmo tempo, nos diferentes lugares. E observou que a Federal não poderia fazer grandes operações sem manter a imprensa informada: um dos pilares da política de transparência era justamente o de evitar que fosse acusada de truculência. Contou também que as escutas só eram realizadas após a análise do Ministério Público e com a autorização do Poder Judiciário, dentro da mais absoluta legalidade para não contaminar as provas.

No meio da palestra, por volta das 13h30, Lacerda recebeu um novo telefonema do ministro. Desta vez, Tarso Genro perguntou se estava tudo bem e disse que precisava dele em Brasília, naquela mesma tarde. Lacerda argumentou que seria praticamente impossível conseguir passagem para um voo em duas horas. O ministro informou que a convocação partira do presidente Lula.

Como na véspera, Paulo Lacerda retomou a palestra um tanto contrariado, desculpou-se e pediu para que fosse limitado o número de perguntas porque teria que antecipar seu retorno a Brasília. Ele aproveitou um avião da Federal para transportar presos, na vizinha Santa Catarina, e pegou uma carona. A aeronave pousou em Porto Alegre e Lacerda embarcou na companhia do então superintendente da PF no Rio Grande do Sul, o delegado José Francisco Mallmann, um dos autores do primeiro planejamento estratégico da instituição.

No Palácio do Planalto, Lacerda caminhou até o fim do longo corredor do terceiro andar e entrou no gabinete presidencial. A mesa de trabalho de Lula ficava a uns 15 metros do lado direito da porta. Em frente à mesa, um conjunto de sofá e poltronas clássicas, dispostas em forma de U, com uma mesa de centro, funcionava como local de espera. Do lado esquerdo, havia uma grande mesa circular com 14 cadeiras – alguns móveis e enfeites vieram do Palácio do Catete e foram usados pelos presidentes Getúlio Vargas e João Goulart.

No gabinete de Lula estavam Márcio Paulo Buzanelli, diretor-geral da Agência Brasileira de Inteligência, Luiz Fernando Corrêa, secretário nacional de Segurança Pública, o general Jorge Armando Félix, ministro-chefe do Gabinete de Segurança Institucional, Gilberto Carvalho, chefe do Gabinete Civil da Presidência, e Tarso Genro. Lula falava ao telefone numa sala anexa. Assim que encerrou a ligação, o presidente se dirigiu a Lacerda: "Aí, Paulo, está assumindo a Abin?". Surpreso, ele respondeu que não sabia de nada. Lula, então, se virou para Tarso Genro e o ministro disse que fizera um estudo para a reformulação da Abin e que Lacerda seria o homem certo para a missão.

– Parece que foi algo combinado, mas esqueceram de falar com o presidente que eu não sabia da mudança – lembra Lacerda, que não perdeu a deixa: informou a Lula que, se pudesse escolher, preferia ir para o Ibama.

Paulo Lacerda era um quadro valorizado na administração pública. A relação com os demais órgãos do governo em sua gestão na Polícia Federal já havia resultado num convite para que dirigisse o Instituto Brasileiro do Meio Ambiente e dos Recursos Naturais. Após a saída de Thomaz Bastos da pasta da Justiça, em março de 2007, a então ministra do Meio Ambiente, Marina Silva, o sondara para o Ibama.

A ministra acompanhava as ações da Federal na área ambiental. Uma delas foi a Operação Euterpe, desencadeada em 30 de agosto de 2006, que resultou em 32 prisões: 25 servidores federais e sete empresários dos ramos pesqueiro e imobiliário que fraudavam a fiscalização ambiental no Rio de Janeiro. Comandada pelo delegado Alexandre Saraiva, foi a maior operação da PF contra crimes ambientais fora da Amazônia. Até aquela data, tinham sido 12 operações em conjunto com o Ibama, com 357 presos, 93 dos quais servidores do Ibama e 15 funcionários de outras instituições.

A resposta de Lula a Lacerda foi contundente: "Marina quer tudo. Não!". Naquele momento, a ministra começava a se desentender com a cúpula do Partido dos Trabalhadores.

O presidente Lula chamou Gilberto Carvalho, chefe de Gabinete Civil, e pediu: "Aquele projeto do aumento da Polícia Federal manda publicar amanhã cedo. Eu quero que isso saia ainda na gestão do doutor Paulo", ordenou Lula. E se dirigindo a Luiz Fernando Corrêa, que assumia a direção-geral da Polícia Federal, enfatizou: "O doutor Paulo arregaçou as mangas atrás disso aqui. Agora, você vai batalhar depois para as próximas conquistas. Essa aqui é dele. Eu sei o que é isso. Sou sindicalista". A medida provisória nº 386 foi publicada em 30 de agosto de 2007 e o reajuste ficou entre 21% e 28%, parcelado em três vezes.

A dança das cadeiras seria um fato normal, segundo Tarso Genro. Não havia desconfiança em relação a Lacerda, nem juízo negativo sobre o trabalho dele:

– Tive-o como um policial de alta qualidade moral e técnica, mas achei necessário naquele momento começar a promover uma nova geração de policiais federais – justifica o ex-ministro.

Sobre a reunião que resultaria na transferência de Lacerda para a Abin, Genro diz que não houve mistério ou dissimulação:

– Precisava de uma pessoa com a estatura dele, isento, qualificado e respeitado, para assumir a Abin. Foi essa proposta que fiz a ele, autorizado pelo presidente. O doutor Lacerda me pediu 48 horas para pensar e aceitou.

A promoção de Luiz Fernando Corrêa para comandar a Federal foi acompanhada de uma determinação: o fim da superexposição nas ações:

– Orientei o doutor Luiz Fernando para reduzir a exposição dos policiais, ter mais foco nos inquéritos e saber dar atenção especial a investigações mais profundas e importantes, passando as informações aos jornais e ao público somente quando as coisas estivessem bem amarradas. Essas exposições à imprensa, quando não são bem concebidas, quando não são regradas, prejudicam as investigações e também geram uma "concorrência interna" entre os quadros da polícia, que passam a ser procurados pela mídia para serem seus informantes – justifica Tarso Genro.

A escolha de Corrêa em detrimento de Zulmar Pimentel demonstrou que a intenção não era apenas combater a chamada "espetacularização" das operações. A mudança na cúpula da Polícia Federal tinha o objetivo de diminuir o ímpeto operacional da corporação. No entanto, discípulos de Paulo Lacerda ainda tentariam emplacar grandes ções contra a corrupção.

* * *

Mesmo na Agência Brasileira de Inteligência, Paulo Lacerda continuaria colaborando com a Polícia Federal. Assim que foi anunciado para o novo cargo, ele disse que pretendia aproximar as duas instituições. "A área operacional da Abin e de Inteligência da PF há muito trabalham de costas uma para a outra. Podem e devem trabalhar juntas, com o que teríamos um resultado mais eficiente", disse à "Folha de S. Paulo" em 1º de setembro de 2007.

Uma operação em andamento desde a gestão Lacerda estava a cargo do delegado Protógenes Queiroz. A CPI dos Correios, depois chamada de CPI do Mensalão, entre junho de 2005 e abril de 2006, forneceu elementos para a descoberta de um esquema de corrupção e lavagem de dinheiro envolvendo políticos, empresários e banqueiros. O grupo foi acusado de evasão de divisas, de sonegação fiscal, de formação de quadrilha e de receber informações privilegiadas para fraudar o mercado de capitais.

Protógenes pediu a ajuda do diretor-geral da Abin, alegando que a força-tarefa vinha sendo esvaziada pelo novo comando da PF. Lacerda disponibilizou 75 agentes durante quatro meses, até a Operação Satiagraha ser deflagrada, em 8 de julho de 2008. O nome da operação é uma expressão híndi (língua oficial da Índia) que significa verdade (Satya) e constância (agraha) ou luta sem violência, base da filosofia de Gandhi. Trezentos policiais cumpriram 56 mandados de busca e apreensão e 24 de prisão em São Paulo, Rio, Brasília e Salvador. O ex-prefeito de São Paulo Celso Pitta (PTB), o megainvestidor Naji Nahas e o banqueiro Daniel Dantas foram detidos.

O ministro Gilmar Mendes, do STF, concedeu dois habeas corpus em 48 horas para o mesmo preso: Daniel Dantas. Protógenes Queiroz foi afastado da Satiagraha seis dias depois de deflagrada a operação. Ele respondeu a processos disciplinares, sindicâncias e inquéritos, acusado de fraude processual, de vazamentos de informações e até de corrupção. A repercussão da operação possibilitou ao delegado se eleger em 2010 deputado federal pelo PCdoB de São Paulo, com quase 95 mil votos. Em 21 de outubro de 2014, já no último ano de seu mandato, Protógenes foi condenado pela Segunda Turma do STF por vazamento de informações. Não conseguiu se reeleger e foi expulso da Polícia Federal. Ele lançou o livro "Operação Satiagraha" (Universo dos Livros, 2014), com a sua versão dos fatos.

Em 7 de junho de 2011, a Quinta Turma do Superior Tribunal de Justiça entendeu que as provas foram comprometidas com a participação da Abin e anulou a Satiagraha. No fim de 2014, a Segunda Turma do STF reconheceu o trânsito em julgado em relação à anulação da operação. O ministro Luiz Fux negou o recurso da Procuradoria-Geral da República e, em agosto de 2015, a decisão foi confirmada pela Segunda Turma do STF.

Contudo, algumas provas serviriam ao menos para conhecer a opinião de presos sobre os gestores da Polícia Federal. Na casa de Daniel Dantas foram encontradas anotações à mão com nomes de policiais e executivos. Zulmar Pimentel era o "filho da pauta" e Paulo Lacerda, o "ódio do mundo", como revelou o jornalista Rubens Valente no livro "Operação Banqueiro" (Geração Editorial, 2014).

A Câmara dos Deputados instalou uma Comissão Parlamentar de Inquérito sobre escutas telefônicas clandestinas após uma reportagem da "Veja", publicada em 22 de agosto de 2007. A capa trazia a manchete "Medo Supremo" e relatava que ministros do STF suspeitavam serem vítimas de grampos ilegais. O objetivo da CPI era apurar o vazamento de escutas legais da Polícia Federal e grampos supostamente encomendados por Daniel Dantas a empresas de segurança, entre elas a Kroll.

Logo após a Operação Satiagraha, a "Veja" publicou reportagens sobre o uso de grampos contra figuras da República: "A tenebrosa máquina de espionagem do Dr. Protógenes" e "Espiões fora de controle" foram as primeiras. A edição de 3 de setembro de 2008 trazia a chamada "Vingança", que remetia à matéria "A Abin gravou o ministro", sobre suposta escuta de uma conversa entre Gilmar Mendes e o senador Demóstenes Torres (DEM-GO).

Gilmar Mendes telefonou para o presidente Lula no domingo 31 de agosto, denunciando que fora grampeado. Na segunda-feira, ele ligou para o ministro da Defesa, Nelson Jobim (PMDB-RS). No governo Fernando Henrique Cardoso, Mendes fora assessor de Jobim no Ministério da Justiça. Numa audiência de emergência Jobim e Gilmar Mendes pediram a Lula a cabeça de Paulo Lacerda da Abin pelas supostas escutas e participação da agência na Operação Satiagraha. Lula cedeu: afastou Lacerda no dia seguinte. Ele foi realocado no Gabinete de Segurança Institucional da Presidência até ser exonerado da Abin em 29 de dezembro daquele mesmo ano.

Gilmar Mendes falou sobre o caso no programa "Central Globonews", em 26 de junho de 2019, e revelou: "Nós fomos ao presidente Lula mais do que protestar. Nós provocamos a queda do Paulo Lacerda. Porque de fato havia a suspeita no Supremo de que, de quando em vez, havia grampos".

A suspeita de Gilmar Mendes não se confirmou. A Abin foi devassada com autorização do juiz Ali Mazloum, um dos alvos da Polícia Federal na Operação Anaconda, em 2003. Ele autorizou mandados de busca e apreensão na Agência Brasileira de Inteligência em 5 de novembro de 2008. Nenhuma gravação eletrônica ilegal foi encontrada. O relatório da CPI, com 467 páginas, foi concluído em 2009 e apontou para a banalização das interceptações telefônicas, legais e clandestinas, mas ninguém foi indiciado.

No livro "Operação Banqueiro", Rubens Valente mostra que investigados contavam com a colaboração de jornalistas em grandes órgãos da imprensa, que plantavam notícias e se punham na posição de perseguidos, como uma estratégia para desqualificar o trabalho policial.

Em 2009, Márcio Thomaz Bastos não era mais ministro, mas ainda desfrutava de prestígio no governo Lula e intercedeu por Paulo Lacerda. Ele conseguiu uma adidância (representação da Polícia Federal na embaixada brasileira) em Portugal, onde Lacerda ficou até 2011. Após voltar ao Brasil, Lacerda trabalhou para entidades que reúnem empresas de segurança privada. Atualmente, presta consultoria ao segmento, auxiliando na compra de equipamentos. Ele também trabalha para a aprovação de um novo Estatuto da Segurança Privada.

CAPÍTULO 32
Novos rumos

Desde a saída da equipe de Paulo Lacerda, a Polícia Federal enfrentou altos e baixos na tentativa de preservar a independência nas investigações. Ele produziu números que reverberam até hoje: de janeiro de 2003 a julho de 2007, foram 393 operações e 6.256 prisões, das quais 980 de servidores públicos e 77 de policiais federais.

A gestão de Luiz Fernando Corrêa atendeu a determinação do ministro Tarso Genro de evitar a "espetacularização" do trabalho da Polícia Federal. As operações perderam o aparato logístico nacional, foram descentralizadas e executadas pelas superintendências estaduais e não mais pelas diretorias em Brasília.

Muitas vezes o trabalho seria barrado pela Justiça. Como num caso envolvendo executivos da construtora Camargo Corrêa. Eles pagariam propinas em forma de doações de campanhas políticas em troca de vantagens em licitações. Na Operação Castelo de Areia, em 25 de março de 2009, a Federal vasculhou a sede da empreiteira e cumpriu dez mandados de prisão e 16 de busca e apreensão.

Em janeiro de 2010, porém, o então presidente do Superior Tribunal de Justiça, Cesar Asfor Rocha, concedeu liminar para anular a operação com base na alegação da defesa de que as escutas autorizadas pelo juiz Fausto Martin De Sanctis – o mesmo da polêmica Operação Satiagraha – partiram de uma denúncia anônima. Inédita, a decisão contrariava a doutrina internacional de incentivar o anonimato em denúncias de corrupção. Em 5 de abril de 2011, a Sexta Turma do STJ acompanhou a decisão e o ministro Luís Roberto Barroso, do STF, negou recursos do Ministério Público, confirmando a anulação da operação em 19 de fevereiro de 2015.

＊＊

O planejamento estratégico plurianual da Polícia Federal foi atualizado na gestão de Corrêa. Levado ao ministro Tarso Genro em 28 de março de 2008, o plano se estende até 2022. Os investimentos nas áreas de perícia e identificação, iniciados em 2003, tiveram continuidade. Um convênio firmado com o FBI permitiu acesso ao software Codis (Combined DNA Index System, ou Sistema Indexado de Cruzamento de DNA), um banco de dados de perfis genéticos. O acordo de cooperação técnica foi assinado em 18 de maio de 2009 na Bahia, num encontro que reuniu os representantes do FBI na América Latina. Naquele momento, 30 países já usavam o programa.

No entanto, o trabalho científico policial esbarrava na Constituição. A garantia de um indivíduo não ser obrigado a fornecer prova contra si impossibilitava o pleno funcionamento do banco de dados. O impasse foi superado com a promulgação da lei nº 12.654, em maio de 2012, já no governo Dilma Rouseff, que torna obrigatória a coleta do material genético dos condenados por crimes hediondos e dolosos. Até maio de 2020, a PF inseriu 20.134 perfis no sistema. Os governos do Paraná, Pernambuco, Rio Grande do Sul e São Paulo também realizam grande número de coletas.

A eficiência da Federal foi reconhecida em 24 de junho de 2020 com o prêmio DNA – Hits of the Year 2020, oferecido por uma empresa de consultoria norte-americana, considerado o "Oscar do DNA". Em 24 de abril de 2017, na Ciudad del Leste, no Paraguai, cerca de 40 assaltantes haviam levado mais de US$ 11,7 milhões (R$ 40 milhões à época) da transportadora de valores Prosegur. Graças à Operação Resposta Integrada – feita em parceria com a Polícia Nacional paraguaia –, a PF coletou material genético na casa usada pelos criminosos e identificou pelo menos 30 pessoas. Um ano depois, 12 já estavam presos.

* * *

A vitória de Dilma Rouseff em 2010 não garantiu a permanência de Luiz Fernando Corrêa na direção-geral da Polícia Federal, embora ele tivesse boas relações com o PT. Sua substituição era dada como certa. Na gestão de Corrêa foram realizadas 1.170 ações, entre elas a Castelo de Areia e a Caixa de Pandora, que prendeu o governador do Distrito Federal, José Roberto Arruda (DEM), em 27 de novembro de 2009. Ele foi acusado de desviar dinheiro público e condenado a sete anos e meio de prisão.

A Associação Nacional dos Delegados de Polícia Federal (ADPF) realizou uma votação e indicou uma lista tríplice a Dilma, nos moldes do que fazia a Associação Nacional dos Procuradores da República. O primeiro da lista era o delegado Sandro Torres Avelar, que comandava o Depen (Departamento Penitenciário Federal) e que presidira a ADPF entre 2006 e 2010. Mas o escolhido, Leandro Daiello, sequer estava na lista. Ele fora superintendente em São Paulo à época das operações Satiagraha e Castelo de Areia, passou pela Entorpecentes e se especializou no combate a crimes fazendários.

Daiello recebeu do ministro José Eduardo Cardozo a determinação de que sua "tarefa maior" seria o combate ao tráfico. Porém, segundo policiais federais, voltar a priorizar a repressão ao tráfico era uma forma de desviar o foco do combate à corrupção. Advogado e professor, José Eduardo Cardozo se filiou ao PT em 1980, um ano antes de se formar em direito na PUC de São Paulo. Foi vereador na capital paulista em meados dos anos 90 e eleito deputado federal em 2002 e 2006.

Em 2010, Cardozo disse que não se candidataria novamente até que fosse feita uma reforma política profunda no país. Ele coordenou a campanha de Dilma e foi escolhido para comandar o Ministério da Justiça.

Em 4 de dezembro daquele ano, após a vitória de Dilma, a "Folha de S. Paulo" revelou que o PT recebera em forma de doação, do Grupo Opportunity, R$ 1,5 milhão (cerca de 2,4 milhões em valores de 2020). O dono do grupo, o banqueiro Daniel Dantas, já havia sido investigado na Operação Satiagraha em 2008.

Leandro Daiello, o novo diretor-geral da PF, deu a entender que pouca coisa mudaria em relação ao antecessor, Luiz Fernando Corrêa – ele, inclusive, fez parte da equipe que montou, na gestão de Corrêa, o planejamento estratégico até 2022. Em seu discurso de posse, reafirmou que a Federal manteria a política de discrição e acrescentou que pretendia "melhorar a qualidade das provas e reduzir as prisões temporárias", diferentemente das gestões Lacerda-Pimentel-Bezerra, que usava, em alguns casos, as detenções para colher mais informações antes de concluir as investigações.

Contudo, a espetacularização sairia da esfera da Federal e entraria no plenário do STF com o julgamento do Mensalão petista, iniciado em agosto de 2012, um ano após Daiello assumir a Direção-Geral. Transmitidas pela TV, as sessões mobilizaram o país. Uma investigação paralela comandada pelo delegado Luis Flávio Zampronha de Oliveira desconstruiria a versão da compra de apoio parlamentar pelo governo petista e revelaria crimes mais graves.

Delegado desde 1999, Zampronha trabalhou na Corregedoria, fez curso no FBI e chefiou a Divisão de Combate a Crimes Financeiros. Os policiais federais da equipe de Zampronha, nas 332 páginas do inquérito policial nº 2.474, relataram um esquema ilícito de financiamento de campanha. O fio da meada retrocedia até 1999, no governo FHC, seguia no governo Lula e ia até 2005, após as denúncias de Roberto Jefferson.

Eles se debruçaram sobre contratos, notas fiscais, recibos e comprovantes. Os laudos periciais revelaram que empresas ligadas ao grupo Opportunity – envolvidas na disputa pela privatização das telecomunicações – contribuíram por meio das agências de publicidade de Marcos Valério para os governos de FHC e Lula. De 1999 a 2002, a Federal contabilizou 1.169 depósitos e entre 2003 e 2005, 585, mas Daniel Dantas fora excluído do inquérito pelo então procurador-geral da República, Antônio Fernando de Souza, decisão mantida pelo relator do caso no STF, ministro Joaquim Barbosa. Zampronha deu uma entrevista ao "Estado de S. Paulo" em 15 de agosto de 2012 criticando a decisão.

Dos 40 denunciados, 37 foram julgados. Houve 12 absolvições e 25 condenações. José Dirceu pegou dez anos e dez meses de prisão por corrupção ativa. Outros integrantes do PT, como o presidente do partido, José Genoino, e o tesoureiro Delúbio Soares receberam penas também por corrupção, enquanto parlamentares de vários partidos foram condenados por corrupção passiva e lavagem de dinheiro – entre eles o delator do esquema, Roberto Jefferson. O publicitário Marcos Valério recebeu a maior pena: 40 anos por corrupção, lavagem, evasão de divisas e peculato.

A entrevista de Zampronha ao "Estadão" fez com que o diretor-geral Leandro Daiello abrisse um processo disciplinar contra ele, com base na Instrução Normativa 13/2008, que proíbe entrevistas sem autorização prévia da Comunicação Social da PF. O delegado do "valerioduto" ficou na geladeira até 2019, em cargos sem importância, como a chefia da Coordenação de Controle de Serviços e Produtos da Federal.

A repercussão do Mensalão teve como consequência modificações legislativas importantes para reforçar o combate à corrupção. Entre 2012 e 2013, foram sancionadas a Lei da Empresa Limpa (Anticorrupção) e a atualização das leis de Lavagem de Dinheiro e Contra Organizações Criminosas, que aprimoraram a delação premiada.

CAPÍTULO 33
Lava Jato

Enquanto a Polícia Federal tinha sua atuação mais limitada no combate à corrupção, o Ministério Público Federal se mobilizava para ocupar o protagonismo nas investigações. Embora pareça teoria da conspiração, as disputas pelo papel principal na luta contra o crime são comuns no sistema de justiça de uma república democrática. Rogério Bastos Arantes, doutor em ciência política pela USP – e especialista em instituições políticas na área da justiça criminal –, em seu artigo "Polícia Federal e construção institucional", publicado no livro "Corrupção e sistema político no Brasil" (Civilização Brasileira, 2011), inclui a Federal no esquema *checks and balances*, espécie de "cabo de guerra" na medição de forças entre as instituições.

Paulo Lacerda, diretor-geral no período estudado por Arantes, diz que sempre trabalhou em harmonia com o Ministério Público. O que ele não admitia, porém, eram procuradores escolherem inquéritos de maior repercussão para comandar. Segundo Lacerda, essa prerrogativa cabia à autoridade policial. As principais investigações ficavam com a PF.

Até então, o papel constitucional do Ministério Público era fiscalizar o trabalho da polícia e analisar as investigações para apresentar as denúncias. Após a repercussão do julgamento do Mensalão, em 2013, com apoio das manifestações populares contra a corrupção, o MPF passou a ter direito a investigar, entendimento aprovado pelo Congresso e confirmado pelo Supremo Tribunal Federal em 2015. Sete ministros votaram a favor e quatro, contra.

Um ano antes, em 2014, a Polícia Federal havia descoberto um esquema de corrupção e lavagem de dinheiro envolvendo o ex-deputado federal José Janene (PP), duas empresas de Londrina, no Paraná, e o doleiro Carlos Habib Chater. Em 17 de março, 400 policiais cumpriram 81 mandados de busca e apreensão, 18 de prisão preventiva, dez de prisão temporária e 19 de condução coercitiva, em sete estados. Foi preso o doleiro Alberto Youssef e, três dias depois, Paulo Roberto Costa, diretor de abastecimento da Petrobras.

A investigação foi o ponto de partida para o aprofundamento do trabalho envolvendo doleiros. Youssef já havia sido preso em 2000, no caso Banestado, que desvendou um mecanismo de remessa ilegal de dinheiro para o exterior. Ele voltou a entrar no radar da Federal ao movimentar dinheiro através de um posto de gasolina de fachada, que deu nome à operação e ajudou a revelar o grande esquema de corrupção envolvendo a Petrobras.

O início da Lava Jato partiu de uma investigação da Polícia Federal, mas os procuradores assumiram os trabalhos. Pela primeira vez o Ministério Público Federal criara uma força-tarefa nos moldes da PF para investigar crimes do colarinho branco. As delações premiadas de Alberto Youssef e de Paulo Roberto Costa, comandadas pelos procuradores de Curitiba, geraram expectativas porque implicariam numa lista de políticos com foro privilegiado. Rodrigo Janot, procurador-geral à época, relatou no livro "Nada menos que tudo" que o conteúdo das delações estava uma "merda" e "raso". A partir de então, Janot decidiu não delegar parte das suas atribuições aos procuradores de Curitiba e montou outra força-tarefa em Brasília.

As delações foram todas refeitas. A lista de Janot contra 50 políticos envolvidos em esquemas de corrupção fora autorizada pelo ministro Teori Zavascki, do Supremo, em 6 de março de 2015. De uma só vez, os procuradores abriram 21 inquéritos. Com dois procedimentos já autorizados antes, o total de investigados com foro especial chegou a 54.

A reboque do MPF, Leandro Daiello, diretor-geral da PF, mudaria o discurso priorizando o combate à corrupção. "Nós investigamos fatos, não pessoas. Aonde os fatos vão chegar é consequência da investigação, doa a quem doer", disse ao "Estadão" em 4 de julho de 2015, pegando emprestada a frase usada dez anos antes pelo ex-ministro Márcio Thomaz Bastos.

CAPÍTULO 34
Poderosos na mira

Alguns dos maiores empresários do país, filhos e netos dos donos de empresas envolvidas em corrupção desde os casos PC Farias e Rodovia Norte-Sul, finalmente foram parar na prisão. Em 19 de junho de 2015, os presidentes da Odebrecht e Andrade Gutierrez, Marcelo Odebrecht e Otávio Marques de Azevedo, seriam encarcerados na Operação Erga Omnes ("vale para todos" em latim). O ineditismo da Lava Jato com a investigação de dezenas de parlamentares e a prisão de grandes empresários assustou muita gente. Alguns decidiram se defender atacando: criaram situações para barganhar delações, produzir provas e diminuir potenciais penas entregando políticos corruptos.

Bernardo Cerveró, filho do diretor da área internacional da Petrobras, Nestor Cerveró, fora procurado pelo senador Delcídio do Amaral (PT-MS). Ele tramava o silêncio e a fuga do executivo da estatal. O filho entendeu que a intenção de Delcídio, para se defender, complicaria mais ainda a situação do pai e decidiu gravá-lo. Em 25 de novembro de 2015, pela primeira vez um líder do governo no Senado, em pleno mandato, iria para a cadeia, por tentar obstruir as investigações da Lava Jato. Após 87 dias detido, Delcídio voltou ao Senado para ter o mandato cassado; fez acordo de delação e recebeu uma pena de prestação de serviços comunitários.

O presidente da Câmara dos Deputados, Eduardo Cunha (PMDB-RJ), ameaçado de ter o mandato cassado por mentir na CPI da Petrobras, negociou o apoio no Conselho de Ética. O Ministério Público Federal também conseguiu, em cooperação com o MP suíço, provar a existência de contas em nome de Cunha. Ele se vingou iniciando a tramitação do impeachment de Dilma Rouseff com base em "pedaladas fiscais" (manobras na prestação de contas do governo). Eduardo Cunha liderou o processo e aprovou na Câmara o afastamento da presidente em 17 de abril de 2016. Em 31 de agosto, ela teve o mandato cassado pelo Senado.

Denunciado pela Procuradoria-Geral da República por corrupção passiva e lavagem de dinheiro em março daquele ano, Cunha foi afastado pelo Supremo Tribunal Federal em 5 de maio, cassado em 12 de setembro e preso em 19 de outubro. Sem prerrogativa de foro, teve a sentença de condenação proferida pelo juiz Sergio Moro em 30 de março de 2017: 15 anos e quatro meses de prisão.

***

Os resultados da Lava Jato foram impactantes com o protagonismo dos procuradores e a parceria com a Polícia Federal. Outra frente da operação, no Rio, também obteve êxito com o trabalho conjunto. Sob o comando do delegado Antônio Carlos Beaubrun Junior, a Polícia Federal se destacou no auxílio ao MPF na prisão do ex-governador Sérgio Cabral em 17 de novembro de 2016 e do governador Luiz Fernando Pezão no fim de seu mandato, em 30 de novembro de 2018. As investigações apontaram que ambos comandavam uma organização criminosa entrincheirada no Palácio Guanabara.

Em Brasília, as estratégias de defesa de investigados em produzir provas para barganhar delações continuaram. Alguns dos nomes mais importantes da política do país seriam alvos de ações controladas da Federal.

O ex-presidente da Transpetro, subsidiária da Petrobras, Sérgio Machado, entregou gravações feitas entre fevereiro e março de 2016, antes do impeachment de Dilma Rousseff. Machado apresentava uma articulação entre os líderes do PMDB, o ex-presidente José Sarney, o presidente do Senado, Renan Calheiros, e o senador Romero Jucá para tirar Dilma e botar em seu lugar o vice Michel Temer. O objetivo, nas palavras de Jucá, era "estancar a sangria" da Lava Jato. As conversas envolviam supostas articulações com o STF.

Em 7 de março de 2017, o empresário Joesley Batista, da holding J&F, controladora da JBS – maior processadora de carne bovina do mundo –, gravou uma conversa com Temer, na qual confessava articulações para manipular e corromper autoridades, além de admitir pagar uma propina regular para o preso Eduardo Cunha, aliado do presidente. Os irmãos Wesley e Joesley também gravaram o presidente nacional do PSDB, o senador Aécio Neves, pedindo R$ 2 milhões. O intervalo entre as gravações de Temer e Aécio fora de 17 dias. O diretor de Relações Institucionais do grupo J&F, Ricardo Saud, gravou ainda uma conversa com Rodrigo Rocha Loures, assessor mais próximo do presidente Temer. Em troca, os empresários queriam imunidade.

Com os áudios, a Procuradoria-Geral da República conseguiu que o Supremo autorizasse uma ação controlada – técnica de investigação que adia o flagrante para a obtenção de mais provas –, executada pela Polícia Federal. A equipe do delegado Thiago Delabary filmou Loures correndo com uma mala de dinheiro após um encontro com Saud em um restaurante em São Paulo, em 28 de abril de 2017. O dinheiro era parte do acordo para o governo ajudar a Empresa Produtora de Energia, do grupo J&F, na venda de gás à Petrobras.

A Polícia Federal gravara Frederico Pacheco, primo de Aécio Neves e coordenador da campanha do senador à Presidência em 2014, recebendo o dinheiro, em quatro parcelas, das mãos de Saud, conforme fora combinado na conversa gravada. A PF recuperou R$ 480 mil do dinheiro destinado a Aécio e R$ 465 mil na mala de Loures, que tinha sido escondida na casa dos pais dele.

As provas foram suficientes para pedir a prisão de Aécio, Loures e abrir inquérito contra o presidente Michel Temer, em pleno mandato. Cogitou-se renúncia ou impeachment, mas os velhos políticos confiavam nos votos dos mesmos parlamentares que tiraram Dilma para enfraquecer a Lava Jato.

Aécio Neves foi afastado do Senado por decisão do ministro Edson Fachin. Retornou no fim de junho de 2017 com o apoio dos colegas senadores. A Primeira Turma do STF o afastou novamente em 26 de setembro. O Senado revogou a decisão no mês seguinte. Em 2018, Aécio se candidatou a deputado federal por Minas Gerais e foi eleito.

Em 2 de agosto de 2017, 263 deputados votaram pela suspensão da denúncia de corrupção passiva contra Michel Temer, até o fim de seu mandato. No mês seguinte, Rodrigo Janot ainda apresentou uma segunda denúncia com base no relatório do delegado federal Marlon Cajado, por organização criminosa e obstrução de Justiça. Mas em outubro, 251 parlamentares salvaram mais uma vez o mandato de Temer. Um mês depois, por pressão de correligionários e colaboradores próximos, ele foi aconselhado a trocar o diretor-geral da Polícia Federal.

* * *

Desde a redemocratização, Leandro Daiello foi quem ficou mais tempo à frente da Federal: seis anos e dez meses, entre 2011 e 2017, superando Romeu Tuma por sete meses. Neste período, sobreviveu a seis ministros da Justiça. Aposentado desde novembro de 2017, Daiello atua no escritório Warde Advogados, em São Paulo. Ele chegou a agendar uma entrevista para este livro, mas na data marcada não respondeu aos contatos. Segundo amigos, Daiello tem planos de escrever um livro sobre fatos engraçados e curiosos ocorridos com ele na Federal.

Após deixar o cargo, Leandro Daiello declarou ao "Estado de S. Paulo", em 18 de junho de 2018, que ainda havia material apreendido na Lava Jato para "mais quatro ou cinco anos" de investigações. No entanto, foi enfático: "Se não tiver a reforma política, a máquina vai continuar gerando (corrupção). Da maneira que a política é jogada hoje, não sobrevive. A fábrica de corrupção está aberta. A doação eleitoral não é ideológica, é estratégica".

CAPÍTULO 35
Especialidade da casa

A tentativa de "estancar a sangria" provocada pela Lava Jato encontrou resistência no Ministério Público e na Polícia Federal. Condenado por corrupção, lavagem de dinheiro e associação criminosa, Marcelo Odebrecht decidira aderir ao acordo de delação premiada. Em 11 de abril de 2017, o ministro Edson Fachin autorizara a investigação da segunda lista de Janot, com 98 políticos, entre eles oito ministros do governo Temer, três governadores, 24 senadores e 39 deputados federais.

Em novembro de 2017, o delegado Fernando Queiroz Segóvia Oliveira, escolhido pessoalmente pelo presidente Michel Temer, substituiu Leandro Daiello na direção-geral da Federal. Segóvia foi superintendente no Maranhão, adido na África do Sul e tinha experiência em inteligência de fronteiras. O ministro da Justiça, Torquato Jardim, não teve influência na nomeação. A sugestão foi feita por parlamentares do MDB, partido do presidente, entre eles Eliseu Padilha e José Sarney. Em 9 de fevereiro de 2018, o diretor-geral da PF disse em entrevista à agência Reuters que a investigação sobre o suposto esquema de corrupção envolvendo o presidente Temer e o então deputado Rodrigo Rocha Loures (PMDB-PR) poderia ser arquivada.

A PF investigava também se a empresa Rodrimar fora beneficiada com um decreto presidencial que prorrogou a concessão do Porto de Santos em maio de 2017. Segóvia, porém, disse que não se configurou pagamento de propina pela Rodrimar a Temer e ainda ameaçou com uma investigação o delegado Cleyber Lopes, responsável pelo inquérito dos portos, caso o presidente formalizasse uma reclamação sobre o questionário com 50 perguntas que enviara a ele.

Os delegados da Federal do Grupo de Inquéritos do STF escreveram um memorando contundente: não admitiriam "nos autos do Inquérito 4.621 do STF *(contra o presidente Temer)* ou em outro procedimento em trâmite qualquer ato que atente contra a autonomia técnica e funcional de seus integrantes". O documento foi entregue ao diretor de Combate ao Crime Organizado da PF, o delegado Eugênio Ricas. Ele respondeu por meio de um ofício, reforçando o memorando: "Não se trata de opção e sim de obrigação das autoridades policiais adotarem medidas para preservarem as investigações e que a Polícia Federal tem adotado ações concretas para que, cada vez mais, as investigações avancem, doa a quem doer", dizia o texto, repetindo as palavras de Thomaz Bastos e do antecessor no comando da PF, Leandro Daiello, para reafirmar a independência da Federal.

Segóvia distribuiu uma carta em que afirmava ter sido mal interpretado pelos jornalistas Ricardo Brito e Lisandra Paraguassu, da Reuters. Mas em 11 de fevereiro o site "O Antagonista" apurou que Bruno Ramos Craesmeyer, assessor direto de Segóvia, era casado com a repórter Lisandra Paraguassu, enfraquecendo a versão do diretor-geral de ter sido mal interpretado.

Quem estava à frente da Comunicação da Federal desde a chegada de Segóvia era François René, responsável pelo setor na gestão de Paulo Lacerda. Ele reassumira o cargo a pedido de amigos da PF, entre eles o próprio Craesmeyer, com quem trabalhara. Sobre este curto e conturbado período, François René se limitou a dizer que a linha dos dois ex-diretores era diferente. Depois da última passagem pela Federal, René voltou ao magistério e presta consultorias.

Em 27 de fevereiro de 2018, Temer criou o Ministério Extraordinário da Segurança Pública, pasta à qual a Polícia Federal ficaria subordinada, e convidou Raul Jungmann para comandá-la. Jungmann demitiu Segóvia no mesmo dia em que tomou posse. Segóvia foi o segundo diretor-geral que menos tempo ficou no cargo: 99 dias. O recorde, difícil de ser batido, foi o de João Batista Campelo, com apenas seis dias em 1999.

A queda de Segóvia demonstrou o poder de pressão da Federal naquele momento pós-impeachment. O substituto foi o delegado Rogério Galloro, o segundo homem na hierarquia na gestão Leandro Daiello. A Lava Jato também projetou Galloro, na PF desde 1995 e que já ocupara cargos de chefia, entre eles o de superintendente em Goiás. No fim da gestão de Daiello ele era diretor-executivo da Polícia Federal e fora eleito para o Comitê Executivo da Interpol. Preencheu a vaga aberta pela Argentina – das 13 vagas, três são destinadas a países das Américas.

O prestígio da Lava Jato garantia relativa independência à Federal nas investigações. Por isso, Daiello bateu o recorde de permanência no comando da PF e Segóvia não ficou muito tempo. Nenhum ministro da Justiça se arvorava em trocar o comando da PF para evitar ser acusado de interferir em investigações contra a corrupção.

Em junho de 2018, a Federal recebeu autorização do STF para negociar delações premiadas. A novidade, para ajudar nas investigações, colocou em xeque Márcio Thomaz Bastos. Em sua delação, o ex-ministro da Fazenda Antônio Palocci dissera que Márcio pagou propina em 2011 para que a Operação Castelo de Areia fosse anulada no STJ. À época, já fora do governo, Thomaz Bastos advogava para a construtora Camargo Corrêa.

A família de Thomaz Bastos contratou o ex-ministro do STF Eros Graus para defender a honra do criminalista, que morrera quatro anos antes. Grau comprovou que Palocci usou um mesmo documento, um contrato dele com Márcio Thomaz Bastos, em duas investigações diferentes, para fundamentar declarações distintas. Na petição, Eros apontou que as informações prestadas por Palocci na delação eram mentirosas e se tratavam de fraude processual.

Seis anos depois do início da Operação Lava Jato, com desdobramento em 70 fases, a Justiça já havia proferido 253 condenações contra 165 pessoas. Entre elas, integrantes do PP, PT e MDB. Segundo o Ministério Público Federal, até março de 2020, R$ 14,3 bilhões estavam em processo de recuperação por meio de 14 acordos de leniência, um Termo de Ajustamento de Conduta e 185 acordos de delação premiada.

CAPÍTULO 36
Esvaziamento

Os bons resultados no combate à corrupção e à lavagem de dinheiro tiveram um efeito colateral. A despeito dos esforços da Polícia Federal e do Ministério Público contra ingerências políticas, integrantes desses órgãos usaram a Lava Jato para atuar na política. Reportagens do site "The Intercept Brasil" publicadas a partir de junho de 2019 revelaram gravações de conversas do pessoal da Lava Jato no Paraná sobre as investigações ao ex-presidente Lula. Sergio Moro e o procurador Deltan Dallagnol questionaram a veracidade dos diálogos, ao mesmo tempo em que recriminaram o ataque cibernético aos seus celulares.

Desde 2016, Lula e seus advogados denunciavam a "espetacularização" praticada contra ele pela PF, MPF e Moro. Houve apresentação de *power point* por procuradores apontando-o como chefe de uma organização criminosa, condução coercitiva e divulgação de escutas irregulares pelo então juiz Sergio Moro. Nada disso o inocentava, mas eram indícios de que o processo havia sofrido algum tipo de contaminação para deixar Lula fora da disputa presidencial.

Após a prisão de Lula em 7 de abril de 2018 e o cerco aos políticos, o deputado federal Jair Bolsonaro (PSL), há mais de 30 anos no Congresso sempre alinhado ao baixo clero, acolheu os anseios de parte da população desiludida com a classe política. Com um discurso "anticomunista" difundido pelas redes sociais, foi abraçado por conservadores e gente cansada de quatro mandatos de governo petista, o último deles não concluído. A

Lava Jato inseriu no cenário de combate à corrupção a perspectiva da falência do sistema político.

Eleito em outubro de 2018, Bolsonaro convidou Sergio Moro para o Ministério da Justiça e Segurança Pública. Ainda em novembro, antes mesmo de tomar posse, Moro anunciou o superintendente no Paraná, Maurício Leite Valeixo, como diretor-geral da Polícia Federal. Valeixo foi coordenador de ensino da Academia Nacional de Polícia e já havia chefiado a mesma superintendência entre 2009 e 2011, cargo que voltou a ocupar em dezembro de 2017, depois de comandar a Diretoria de Combate ao Crime Organizado, considerado o terceiro na hierarquia da PF. Valeixo atuou em várias fases da Lava Jato e coordenou os trâmites para a prisão do ex-presidente Lula.

Outros delegados da Lava Jato foram nomeados para cargos importantes no Ministério da Justiça: Érika Marena assumiu o Departamento de Recuperação de Ativos e Cooperação Internacional; Roberto Leonel, o Conselho de Controle de Atividades Financeiras (Coaf); e Fabiano Bordignon, o Departamento Penitenciário Nacional.

* * *

A Lava Jato seguia firme e, em 21 de março de 2019, prendeu Michel Temer, recém-saído da presidência, acusado de liderar uma organização que negociou propina nas obras da usina nuclear de Angra 3. Temer ficou recolhido na PF do Rio e teve a prisão revogada quatro dias depois pelo Tribunal Regional Federal da 2ª Região. A Primeira Turma do TRF-2 expediu nova ordem de prisão em 9 de maio. Dessa vez, o ex-presidente ficou detido em São Paulo por seis dias, até a Sexta Turma do Superior Tribunal de Justiça conceder-lhe habeas corpus.

As primeiras iniciativas do governo Bolsonaro na Polícia Federal foram consideradas positivas: autorização para a convocação de 1.047 policiais excedentes do último concurso, de setembro de 2018. Também foi autorizada a abertura de concurso sem precisar de aprovação do Ministério do Planejamento. Pelas normas, a PF pode fazer processos seletivos sempre que o total de vagas exceder 5% dos cargos – essa autonomia não vale para a contratação de administrativos. Contudo, a palavra final ainda permanece com o Ministério da Economia, que contingenciou o orçamento da instituição. A previsão para o Ministério da Justiça em 2019 era de R$ 3,8 bilhões, mas um terço do valor ficou retido. Desde maio de 2019 um pedido para preencher 3.460 vagas tramita no Planalto. Com déficit ainda expressivo, Valeixo pediu em dezembro o retorno de 191 agentes cedidos a outros órgãos. Este número superava o efetivo das superintendências do Acre, Amapá, Mato Grosso, Piauí, Rondônia, Roraima, Sergipe e Tocantins.

O corte no orçamento provocou a suspensão de treinamento de tiro, redução de viagens para economizar nas diárias de R$ 224,20, cujo valor não sofre reajuste desde 2009. Segundo Flavio Werneck, diretor do Sindicato dos Policiais Federais no Distrito Federal, as viagens são fundamentais para o levantamento de informações que precedem uma operação. Foram 204 operações no primeiro semestre de 2019, o mais baixo número desde o início da Lava Jato.

Em paralelo, o total de apreensões de cocaína aumentou, reforçando o receio dos federais de que isso possa indicar um freio no combate à corrupção. Em 2016, a PF apreendeu 39 toneladas de cocaína. A quantidade subiu para 46 e 73 toneladas nos dois anos seguintes. Em 2019, atingiu 98,4 toneladas. Cerca de R$ 650 milhões das organizações criminosas do tráfico ficaram bloqueados em 2019. Valor inferior somente a 2017, quando o montante foi de R$ 665 milhões. Os números, porém, são incomparavelmente menores do que os da Lava Jato, que em cinco anos recuperou R$ 13 bilhões, uma média de R$ 2,6 bilhões por ano.

Há dúvidas também sobre a independência investigativa. O ministro da Justiça e Bolsonaro não podem ter acesso às investigações da PF. Apesar disso, o presidente confirmou, em entrevista coletiva em 28 de junho de 2019, que teve acesso, por meio de Sergio Moro, ao inquérito sobre as candidatas "laranjas" do PSL na campanha eleitoral de 2018, em Minas Gerais.

Em 23 de julho de 2019, a Polícia Federal prendeu quatro hackers que teriam invadido o celular do ministro da Justiça. O delegado do mensalão, Luis Flávio Zampronha, foi resgatado da geladeira e chegou aos supostos hackers em pouco tempo. Sergio Moro informou a várias autoridades também vítimas dos hackers, entre elas o ministro do STJ, João Otávio de Noronha, que descartaria as mensagens para garantir a privacidade de cada um. Além de revelar ter tido acesso à investigação em segredo de Justiça, Moro não poderia destruir provas: a decisão cabe ao juiz do caso. À noite, às 19h40, a Polícia Federal divulgou nota em que assegurava que o material seria preservado e teria seu destino definido pela Justiça.

Outra tentativa de interferência ocorreu na investigação sobre o assassinato da vereadora Marielle Franco e do motorista Anderson Gomes, conduzida pela Polícia Civil e pelo Ministério Público do Rio. A então procuradora-geral da República, Raquel Dodge, chegou a pedir a federalização do inquérito. Ela acusou o conselheiro afastado do Tribunal de Contas do Rio Domingos Brazão, o delegado da PF Hélio Kristian e mais quatro pessoas de atrapalharem as investigações. Na denúncia apresentada ao STJ, Raquel Dodge afirmou: "Domingos Brazão, valendo-se do cargo, da estrutura do seu gabinete no Tribunal de Contas do Estado do Rio, acionou um de seus servidores, agente de Polícia Federal aposentado (Gilberto Ferreira), mas que exercia cargo nesse gabinete, para engendrar uma simulação que consistia em prestar informalmente depoimentos perante o delegado Hélio Kristian e, a partir daí, levar uma versão dos fatos à Polícia Civil do Rio de Janeiro, o que acabou paralisando a investigação ou conduzindo-a para um rumo desvirtuado por mais de um ano".

Entretanto, somente após a citação da família Bolsonaro no inquérito, em outubro de 2019, o ministro da Justiça, Sergio Moro, sugeriu a federalização da investigação. O porteiro do condomínio onde morava o presidente teria dito à Polícia Civil que, no dia do crime, um dos acusados da execução de Marielle passou pela portaria informando que ia à casa 58, de Jair Bolsonaro. O presidente ordenou que Moro apurasse possível obstrução de justiça, falso testemunho e denunciação caluniosa contra ele.

A testemunha voltou atrás ao depor na Federal. A família de Marielle foi contra a federalização da investigação. "Somente após a menção ao presidente da República, Jair Bolsonaro, no inquérito, o ministro começou a se declarar publicamente a favor da federalização. Acreditamos que Sergio Moro contribuirá muito mais se ele permanecer afastado das apurações", disseram, em nota, os parentes de Marielle. O ministro da Justiça recuou. Em 20 de janeiro de 2020, a Advocacia-Geral da União enviou um ofício ao STJ manifestando-se contra a federalização.

***

Na campanha à Presidência, Jair Bolsonaro questionou o trabalho dos federais no atentado que sofrera em 6 de setembro de 2018. O autor do crime, Adélio Bispo de Oliveira, foi preso em flagrante. Em 28 de setembro, o delegado Rodrigo Morais Fernandes e a equipe da Polícia Federal em Minas concluíram que Adélio agiu sozinho, e a perícia apontou que ele sofria de problemas mentais. Um novo inquérito foi aberto, e Bolsonaro voltaria a cutucar a Polícia Federal em 10 de fevereiro de 2019, agora já como presidente: após uma segunda cirurgia em decorrência da facada, ele gravou um vídeo cobrando outro desfecho para a investigação.

Os ataques à PF não parariam aí. Em julho de 2019, Bolsonaro anunciou a exoneração de Ricardo Saadi, superintendente da instituição no Rio. O motivo seria sua "falta de produtividade". A Polícia Federal desmentiu o presidente. Em nota, informou que o motivo da saída era por interesse do próprio delegado e sem relação com o desempenho na gestão da superintendência. Bolsonaro classificou o posicionamento dos delegados como "babaquice".

Saadi foi exonerado em 30 de agosto de 2019, mas o indicado do presidente, Alexandre Saraiva, superintendente no Amazonas, não assumiu o cargo. O diretor-executivo, o segundo na hierarquia da superintendência, Tácio Muzzi, foi empossado interinamente. Durante a crise, Bolsonaro declarou que quem manda na PF é o presidente, porque assim prevê a

Constituição. De fato, mas desde a saída do coronel Wilson Romão, em 1995, o caráter técnico referendava as escolhas dos diretores-gerais pelos ministros da Justiça. Bolsonaro também disse que não seria "um banana", em uma clara referência aos governos anteriores que respeitaram a independência da gestão nas investigações da PF.

* * *

Apesar dos discursos do presidente em favor da PF na luta contra a corrupção, as atitudes contrariaram as promessas. Em 8 de setembro de 2019, o presidente da Associação Nacional dos Delegados da Polícia Federal, Edvandir de Paiva, demonstrou preocupação em entrevista ao "Congresso em Foco". "O que uma crise dessa pode causar, com uma intervenção na Polícia Federal, é um problema de confiança da sociedade na própria PF. Nós construímos uma imagem de uma polícia neutra em termos político-partidários, isenta. Na medida em que há uma intervenção, a sociedade começa a acreditar que não há uma polícia de Estado, mas sim, uma polícia de governo. Essa é a nossa maior preocupação". Adiante, ele foi mais enfático: "A Polícia Federal está desprotegida. Nós cultivamos muito a imagem da nossa instituição. Correr o risco de destruir essa imagem não era o que esperávamos deste governo".

No fim de outubro de 2019, a Associação Nacional dos Delegados entregou um ofício ao ministro Sergio Moro, com críticas à gestão dele e lamentando que a PF havia sido "relegada a segundo plano nas principais políticas anunciadas". Ainda assim, na Superintendência do Rio, a instituição demonstrou força e resistência. Após quase três meses comandada por um interino, em 21 de novembro a Polícia Federal venceu a queda de braço com Bolsonaro: foi nomeado para o posto o delegado Carlos Henrique Oliveira Sousa, escolhido por Maurício Valeixo para o lugar de Saadi.

CAPÍTULO 37
Disputas

Um dos principais mecanismos de enfrentamento à corrupção e lavagem de dinheiro é o uso de informações, sem ordem judicial prévia, de movimentações bancárias consideradas suspeitas. A doutrina investigativa posta em prática nos últimos 20 anos pela Polícia Federal, baseada em acordos internacionais, prevê o compartilhamento de dados sem necessidade de aval da Justiça. O procedimento é uma norma do Grupo de Ação Financeira contra a Lavagem de Dinheiro e Financiamento de Terrorismos (Gafi/FATF), mas foi enfraquecida por Bolsonaro ao não vetar decisão do Congresso para tirar o Coaf do Ministério da Justiça e Segurança Pública, afastando-o das investigações. Depois de uma queda de braço com o parlamento, porém, ficou sob o guarda-chuva do Banco Central, esvaziando a estrutura de um órgão de inteligência crucial para o combate à corrupção.

Em paralelo, o presidente do STF, Dias Toffoli, suspendeu os inquéritos abertos com dados do Coaf e da Receita Federal sem autorização judicial prévia. Um dos interessados nisso era o filho do presidente, o senador Flávio Bolsonaro. O Ministério Público do Rio apurou, com base em dados do antigo Coaf, que Fabrício Queiroz, ex-assessor de Flávio, fez movimentações financeiras suspeitas entre 2007 e 2018. Segundo o MPF, mais 934 outras investigações ficaram paradas até a decisão de Toffoli ser derrubada no plenário do STF por dez votos a um, em dezembro de 2019.

A decisão do Supremo evitou que Brasil sofresse sanções econômicas, políticas e diplomáticas. O país que não cumpre tal procedimento é incluído numa lista negra de lugares que protegem organizações criminosas. As pressões do novo governo e do próprio judiciário tiveram impacto no Índice de Percepção da Corrupção (IPC) da Transparência Internacional, divulgado em janeiro de 2020. O relatório mostrou que o Brasil caiu pelo quinto ano consecutivo. O IPC, elaborado por especialistas e empresários, é o principal indicador de corrupção no setor público mundial.

***

Na esfera internacional, a ligação do narcotráfico com o terrorismo tem sido uma preocupação desde a virada do século. Nesse sentido, o Primeiro Comando da Capital, o PCC, representa um risco e há suspeitas de que esteja ligado a grupos internacionais. Segundo o Ministério Público de São Paulo, além de ter células em todos os estados brasileiros, a organização criminosa comanda negócios no Paraguai, Peru, Bolívia, Colômbia e Argentina.

O PCC funciona como uma multinacional. A facção foi criada com o nome Partido do Crime, em agosto de 1993, em reação ao massacre do Carandiru. Sete subordinados a um líder cuidam da administração, planejamento, lavagem de dinheiro, distribuição de lucros, contratação de advogados e guarda de armamentos. Os novos membros são indicados por pelo menos três integrantes da facção. Só a cúpula pode determinar mortes.

Drauzio Varella mostra no livro "Prisioneiras" (Companhia das Letras, 2017) que a queda do número de homicídios em São Paulo entre o fim dos anos 1990 e 2017 – de 60 para 8,7 por cada cem mil habitantes – coincide com a ampliação territorial do PCC. Segundo o médico, que trabalhou voluntariamente nos presídios paulistas, em vez de políticas governamentais, a explicação mais adequada para a redução de mortes seria a manutenção da paz nas comunidades para não atrapalhar os negócios criminosos. Ele também aponta que os maiores beneficiários da venda de drogas sequer chegam perto do produto: policiais corruptos, agentes financeiros e investidores.

No Brasil, as milícias, que funcionam dentro de instituições do próprio Estado, também crescem vertiginosamente. O assassinato da vereadora Marielle Franco é um exemplo de como organizações desse tipo influem nas disputas territoriais, misturam políticos e policiais, e colocam em risco o próprio regime democrático.

O grande projeto do ministro Sergio Moro no primeiro ano de governo foi o pacote anticrime. Embora tenha desprezado a questão das milícias, provocou uma Proposta de Emenda Constitucional: investigar milícias é competência das polícias estaduais, mas a participação de policiais civis e militares nos grupos gerou debates para a federalização de tal atribuição.

Com exceção da orientação para acelerar a coleta de DNA de criminosos, a maior parte do pacote teve caráter judicial. Em dezembro de 2019, a Câmara aprovou a proposta com diversas mudanças. O presidente Jair Bolsonaro sancionou o pacote com 25 vetos, mas manteve a figura do juiz de garantias – responsável pelas decisões durante o processo, enquanto outro julgará o caso –, contrariando posicionamento de Moro.

O que permaneceu do projeto original foi o endurecimento da execução penal: aumento da pena máxima de 30 para 40 anos e do período em que o preso pode ficar em regime disciplinar diferenciado, que passou de um para três anos. Em janeiro de 2020, o ministro do STF Luiz Fux suspendeu a implantação do juiz de garantias até decisão do plenário do Supremo, alegando, entre outros motivos, falta de estudo do impacto orçamentário.

O governo federal se vangloriou da redução dos índices de criminalidade em 2019. As razões para isso são inúmeras, mas é consenso que o novo cenário decorre de políticas anteriores. Desde 2017 os índices vêm caindo. Em 2018 foram criados o Sistema Único de Segurança Pública e o Ministério Extraordinário da Segurança Pública, e o Rio sofreu intervenção federal. Muito do que está sendo executado tem origem ainda na gestão de Márcio Thomaz Bastos, quando o ministério era denominado apenas "da Justiça", embora administrasse também a segurança pública. A criação do sistema penitenciário federal para isolar lideranças do crime, o fortalecimento da Polícia Federal e a Missão Suporte, que funcionou como uma espécie de intervenção branca, integrando a Inteligência e a gestão das forças policiais no estado, são alguns exemplos.

O Colégio Nacional de Secretários de Segurança Pública se reuniu com Bolsonaro em 22 de janeiro de 2020 para pedir um ministério exclusivo para a segurança pública. Dos 27 secretários, nove eram delegados federais. Apoiados pela bancada da bala, grupo de parlamentares próximo ao presidente, eles tentavam tirar a Federal do comando de Sergio Moro. Essa disputa pela PF fez o ministro ameaçar deixar o cargo. Bolsonaro recuou e desistiu de desmembrar a pasta.

CAPÍTULO 38
Interferências

O presidente retomaria a ofensiva para controlar a Polícia Federal durante a pandemia da Covid-19. Ele foi contrário às medidas de isolamento social e exonerou o ministro da Saúde, Luiz Henrique Mandetta. Seis dias depois, em 22 de abril de 2020, Bolsonaro decidiu trocar o comando da PF.

Horas antes da famosa reunião com os ministros, às 6h26, o presidente enviou ao ministro da Justiça e Segurança Pública mensagens pelo WhatsApp: "Moro, Valeixo sai esta semana"; "Está decidido"; "Você pode dizer apenas a forma. A pedido ou ex oficio (sic)". Sergio Moro respondeu 11 minutos depois: "Presidente, sobre esse assunto precisamos conversar pessoalmente. Estou ah (sic) disposição para tanto".

Na reunião, Bolsonaro reclamou dos estados e municípios no enfrentamento da pandemia e também fez críticas aos serviços de informações, incluindo a Polícia Federal. Ele deixou claro que passaria por cima do ministro e interferiria na PF: "Eu não posso ser surpreendido com notícias. Pô, eu tenho a PF que não me dá informações (...) E me desculpe, o serviço de informações nosso, todos, é uma merda, são uma vergonha, uma vergonha! Eu não sou informado! E não dá pra trabalhar assim. Fica difícil. Por isso, vou interferir! E ponto final, pô! Não é ameaça, é uma verdade".

Os ministros se revezavam nas falas, mas Bolsonaro sempre voltava ao assunto. Ao citar seus familiares, ele pode ter feito referência à Operação Xeque-Mate, em que o irmão de Lula, Vavá, fora alvo de mandado de busca e apreensão da PF, em 2006. Bolsonaro lembrou a tentativa de trocar o superintendente do Rio em agosto de 2019 e a resistência que sofreu dos delegados federais e do ministro: "Mas é a putaria o tempo todo pra me atingir, mexendo com a minha família. Já tentei trocar gente da segurança nossa no Rio de Janeiro, oficialmente, e não consegui! E isso acabou. Eu não vou esperar foder a minha família toda, de sacanagem ou amigos meus, porque eu não posso trocar alguém da segurança na ponta da linha que pertence a estrutura nossa. Vai trocar! Se não puder trocar, troca o chefe dele! Não pode trocar o chefe dele? Troca o ministro! E ponto final! Não estamos aqui pra brincadeira".

O que poderia parecer ato falho seria uma forma de disfarçar e não antecipar sua intenção de trocar a chefia da Polícia Federal. Ao dizer "segurança" em vez de superintendência, o presidente se referia à pasta da Segurança Pública comandada por Moro. No dia seguinte à reunião, Bolsonaro encaminhou a Moro, pelo WhatsApp, uma notícia do site "O Antagonista", que reproduzia informação do jornalista Merval Pereira, publicada no "Globo", de que o inquérito do STF contra as fake news se aproximava de pessoas do círculo do presidente. E Bolsonaro comentou a notícia em nova mensagem: "Mais um motivo para a troca", referindo-se à substituição de Maurício Valeixo. No mesmo dia, Moro e Bolsonaro se encontraram e o ministro da Justiça disse que aceitaria a troca desde que indicasse o novo diretor-geral da PF.

Durante a madrugada de sexta-feira 24 de abril, saiu no "Diário Oficial" a exoneração de Valeixo, "a pedido", com a assinatura de Sergio Moro abaixo da do presidente. Contrariado, Moro fez um pronunciamento às 11h desmentindo o presidente e entregando o cargo de ministro. Disse que Valeixo não pediu para sair e que ele próprio não concordava com a troca. Mais grave: ainda acusou Bolsonaro de querer interferir na PF para proteger os filhos.

Os três filhos do presidente eram alvos de investigações: o deputado federal Eduardo Bolsonaro (PSL-SP) pela CPMI das Fake News – policiais federais identificaram também a participação de um assessor dele em ataques nas redes sociais contra políticos e membros do Judiciário; o vereador Carlos Bolsonaro (Republicanos-RJ), por suspeita de comandar o chamado gabinete do ódio, grupo de pessoas que produziriam e compartilhariam notícias falsas contra adversários; e Flávio Bolsonaro (Republicanos-RJ), que chegou a ser alvo de investigação da PF no Rio por lavagem de dinheiro e falsidade ideológica.

A possibilidade de haver crimes nas denúncias de Moro contra Bolsonaro levou o procurador-geral da República, Augusto Aras, a pedir abertura de inquérito. O ministro do STF Celso de Mello ficou à frente da investigação e liberou os depoimentos e provas, entre elas a troca de mensagens entre o presidente e Moro, além do vídeo da reunião do dia 22 de abril, praticamente sem cortes, para a imprensa.

Bolsonaro negou interferência na Polícia Federal, mas seus argumentos foram questionados e postos em dúvida pela sequência de atos administrativos da presidência. Em 28 de abril, o "Diário Oficial" trouxe o nome de André Luiz Mendonça, advogado-geral da União desde o início do governo, para comandar o Ministério da Justiça e Segurança Pública, e o de Alexandre Ramagem Rodrigues, para a Direção-Geral da Polícia Federal.

Ramagem entrou para a PF em 2005 e participou da coordenação da segurança da Copa do Mundo e da Olimpíada. Em 2018, foi nomeado superintendente no Ceará, mas não assumiu para ir comandar a segurança do então candidato Bolsonaro, após o atentado a faca em Juiz de Fora. Com a eleição de Bolsonaro, Ramagem se tornou assessor especial da Secretaria de Governo e depois foi nomeado para o comando da Abin.

No dia seguinte, o ministro do STF Alexandre de Moraes suspendeu a nomeação de Ramagem. Ele atendeu a um mandado de segurança do PDT com base em "abuso de poder por desvio de finalidade". Moraes citou as declarações de Sergio Moro para fundamentar sua decisão. Diretor executivo da PF, número dois na hierarquia, Disney Rosetti ficou interino no cargo.

Em 4 de maio foi publicado no "Diário Oficial" o nome do novo diretor-geral da Polícia Federal. Desta vez, a decisão não foi do presidente, nem do ministro da Justiça, mas sim do delegado impedido pelo STF de assumir a PF. Alexandre Ramagem indicou para o cargo seu subordinado na Abin, Rolando Alexandre de Souza, secretário de Planejamento e Gestão da agência desde setembro de 2019. Souza foi superintendente da PF em Alagoas e chefiou o Serviço de Repressão a Desvios de Recursos Públicos.

A posse ocorreu por volta de 10h, cerca de uma hora depois da publicação no "DO", no gabinete do presidente, contrariando a tradição da Polícia Federal de reunir a imprensa e integrantes da gestão anterior neste tipo de evento. Algo similar só aconteceu quando Luiz Fernando Corrêa assumiu o cargo em 2007, substituindo Paulo Lacerda.

A primeira medida de Rolando foi mexer na PF do Rio. Ele convidou o superintendente do estado, Carlos Henrique Oliveira, para a direção executiva da Federal. Quem assumiu a PF fluminense foi o delegado Tácio Muzzi, que comandou a superintendência interinamente por cinco meses, após Saadi deixar o cargo em agosto de 2019. Embora Muzzi fosse um nome técnico, Moro havia declarado que a troca no Rio era a maior obsessão do presidente Bolsonaro.

Em 17 de maio de 2020, a "Folha de S. Paulo" publicou uma entrevista com Paulo Marinho (PSDB), ex-aliado de Bolsonaro. Segundo ele, Flávio Bolsonaro fora avisado por um delegado da PF que Fabrício Queiroz era alvo de uma operação que seria deflagrada contra a corrupção na Assembleia Legislativa do Rio. O vazamento ocorrera entre o primeiro e o segundo turno das eleições em 2018. Fabrício e sua filha Nathália Melo de Queiroz foram exonerados dos gabinetes de Jair Bolsonaro e de Flávio Bolsonaro, respectivamente, em 15 de outubro. A Operação Furna da Onça (sala na Alerj onde deputados decidem votações) aconteceu em novembro, após a vitória de Bolsonaro. Depois de um ano e meio desaparecido, Fabrício Queiroz seria preso em 18 de junho de 2020, em Atibaia, no interior paulista, numa ação conjunta das polícias civis e os ministérios públicos do Rio e de São Paulo. Estava escondido num imóvel de Frederick Wassef, advogado de Bolsonaro.

Já sob a nova direção, a Polícia Federal realizou em 26 de maio de 2020 a Operação Placebo (alusão à medicação sem efeito), contra a corrupção na montagem de hospitais de campanha no Rio. O foco era o governador Wilson Witzel, desafeto do presidente. A ação gerou suspeitas de uso político da Federal. No dia seguinte, os delegados da gestão Moro, mantidos no STF por determinação do ministro Alexandre de Moraes, fizeram uma operação contra as fake news. Oito deputados bolsonaristas foram alvos de mandado de busca e apreensão.

Não foi, com certeza, a primeira tentativa de usar a gestão da PF para interferir em investigações. A diferença seria a forma escancarada de Bolsonaro, denunciada por Moro, que motivou, inclusive, investigação no STF.

CAPÍTULO 39
Soberania em jogo

Barrar interferências políticas é crucial, questão até mesmo de soberania nacional. Os desafios da Polícia Federal vão além da corrupção epidêmica no sistema político-empresarial-financeiro. O alcance das organizações criminosas não atinge apenas municípios, estados e Brasília. Redes internacionais do crime ameaçam cada vez mais a segurança de países. E o Brasil não é exceção.

A expertise da Polícia Federal é essencial contra o crescimento vertiginoso das milícias. Tanto esses grupos como o PCC estão envolvidos com tráfico, contrabando de armas e lavagem de dinheiro. Em 2009, já havia conhecimento de que o PCC tinha ligações com o Hezbollah, milícia libanesa acusada de terrorismo.

Outra frente do crime transnacional surgiu nos presídios venezuelanos. Em 2017, o Observatório Prisional da Venezuela denunciou a deterioração do sistema penitenciário, com um índice de 400% de superlotação. A facção autointitulada Pronato surgiu nesse ambiente e ganhou as ruas. Além de atuar no tráfico de drogas e de armas, extorsões e assassinatos, também faz tráfico de pessoas. Dados da Polícia Federal revelam que, entre 2017 e 2018, 176.259 venezuelanos entraram pela fronteira de Pacaraima, em Roraima. Informes do serviço de inteligência do Departamento Penitenciário Federal mostram que há células do Pronato em Pacaraima e 5% dos presos daquele estado pertencem à facção venezuelana.

Essas redes já preocupavam as autoridades no início do século 21. Em dezembro de 2000, as Nações Unidas se reuniram em Palermo, na Sicília, para elaborar uma nova convenção de combate aos crimes internacionais. Mais de cem países, incluindo o Brasil, participaram das discussões.

O Brasil é um lugar que atrai grandes criminosos. O mafioso Tommaso Buscetta foi preso duas vezes no país. Em 2007, no fim da gestão de Paulo Lacerda, outras duas prisões também se tornaram notórias. A primeira foi a do líder dos Proletários Armados pelo Comunismo, Cesare Battisti, acusado na Itália de quatro assassinatos nos anos 70, e condenado a prisão perpétua. Estava foragido há 26 anos, três deles no Brasil. A segunda, a do traficante colombiano Juan Carlos Ramirez Abadia – que ocupou o segundo posto da lista de procurados pela Interpol, atrás apenas de Osama Bin Laden. Ele foi preso no Calçadão de Copacabana, mas vivia numa mansão em Aldeia da Serra, na Grande São Paulo.

Além de enfrentar o problema da corrupção sistêmica e das milícias, a Polícia Federal tem o desafio de agir em conjunto com instituições de outros países, já que o crime não respeita fronteiras e pode também encontrar terreno fértil para instalar bases no território brasileiro.

CAPÍTULO 40
Imagem irretocável

A experiência e o conhecimento da Polícia Federal são os grandes ativos no combate à criminalidade, e sua missão deveria ser preservada e ampliada. É o que se chama de legado. O sucesso está também em assegurar que gestores deem continuidade ao trabalho realizado até aqui. A gestão da Federal na virada do século resultou na valorização de sua imagem e serviu de exemplo a outras instituições.

O delegado Jorge Pontes, ex-diretor de Ensino e Pesquisa da Secretaria Nacional de Segurança Pública, criou em 2019 um núcleo para a capacitação das polícias civis estaduais, o Programa de Fortalecimento das Polícias Judiciárias. O curso foi dividido em módulos com os temas corrupção sistêmica, lavagem de dinheiro, planejamento operacional e gestão de investigação. Entre os palestrantes estavam Paulo Lacerda e Getúlio Bezerra; Luís Zampronha, do Mensalão; Marcio Anselmo e Erika Marena, da Lava Jato; Antonio Beaubran, da Operação Calicute, força-tarefa que prendeu Sérgio Cabral; Cleyber Malta, que investigou o ex-presidente Michel Temer; e Ricardo Saadi, ex-superintendente no Rio, especialista em cooperação internacional.

– Esse *dream team* da Federal ficava com 35 delegados durante uma semana. No último dia, a gente sentava em círculo e produzia um amplo diagnóstico – conta Jorge Pontes.

O objetivo era mostrar que as polícias civis podem fortalecer uma investigação e operar de forma independente, como órgão de Estado. Além disso, o contato e a aproximação entre integrantes de diferentes instituições é essencial para uma maior colaboração. Iniciativas desta natureza representam um "ganha-ganha", expressão usada no mundo corporativo e que pode ser traduzida como uma conquista para todos os participantes: quem oferece e quem faz o curso. A Operação Placebo contra a corrupção nos hospitais de campanha, desencadeada pela PF, teve origem na Polícia Civil do Rio.

* * *

Mesmo com o enfraquecimento da política de Comunicação Social – após as saídas de Paulo Lacerda e François René, em 2007 – e com a orientação de evitar a chamada "espetacularização" das ações, os resultados da Polícia Federal foram mantidos. Há, porém, uma preocupação com a imagem da instituição. Em setembro de 2019, um levantamento da revista "Época" revelou que a PF era a segunda instituição pública que menos atendia às solicitações da Lei de Acesso à Informação. Perdia apenas para o Instituto Federal de Educação, Ciência e Tecnologia da Bahia.

François René, ex-chefe da Comunicação, alerta para os riscos da falta de transparência. Ele lembra que a fase do ovo da galinha e da pata pode infelizmente dar lugar à era do avestruz, em que a Polícia Federal esconde a cabeça e mostra as outras partes do corpo.

– O monstro da Lava Jato mexeu com a PF, a quem cabe investigar, e tornou a comunicação institucional fragmentada. O vazamento seletivo serve para justificar ações do universo jurídico como ferramenta do exercício do direito e não da defesa institucional – avalia René.

Dois desses exemplos são a escolha de presos e a carceragem, setores de destaque da PF. Até 2003 uma fonte de problemas, a custódia se tornou uma das estrelas do departamento, numa demonstração de que a gestão profissional resolvera questões crônicas. Hoje, a simples escolha de um preso faz da cobertura jornalística uma experiência hollywoodiana. Os agentes quase sempre correspondem a um padrão de beleza midiático.

Ou basta ser um indivíduo incomum para chamar a atenção do público, causar alvoroço nas redes sociais e despertar curiosidade.

Fenômeno de vendas de máscaras de carnaval e de memes na internet, Newton Hidenori Ishii, o Japonês da Federal, foi tema de livro do jornalista Luís Humberto Carrijo, "O carcereiro: o japonês da Federal e os presos da Lava Jato" (Editora Rocco, 2018) e de um conto erótico, "Prenda-me, Japonês da Federal", de Renata Del Anjo, disponível em formato digital. Preso na Operação Sucuri, em 13 de março de 2003, a primeira megaoperação da gestão Lacerda, Newton explica as circunstâncias de sua detenção no livro e conquista o leitor pela humanidade e coerência à frente do Núcleo de Operações da PF do Paraná. Ele planejava a logística, executava a escolta e administrava a carceragem VIP do Brasil, em que autorizava uma vez por mês cabeleireiro e manicure para os presos. Newton se aposentou em fevereiro de 2018. Mas corre o risco de ter a aposentadoria cassada. Em julho de 2020, o juiz Sérgio Luis Ruivo Marques, da 1ª Vara da Justiça Federal de Foz de Iguaçu, condenou Newton a perda do cargo em decorrência da Operação Sucuri.

* * *

Mesmo com o controle da chamada espetacularização das ações, há exageros nas escoltas. A transferência de Sérgio Cabral do Rio para Curitiba, em janeiro de 2018, transformou o ex-governador em uma espécie de *serial killer*, por conta do aparato de segurança empregado. O uso de algemas só é permitido em casos de resistência ou ameaça à integridade física dos policiais, do preso ou de terceiros. Mas Cabral tinha correntes nos pulsos, nos tornozelos e um cinturão por onde o chefe da escolta o conduzia. A leitura labial das imagens mostrava o ex-governador reclamando com o policial federal: "O senhor está me machucando", repetia. Todos os agentes que faziam sua escolta estavam encapuzados. Um deles era o chefe da carceragem, Jorge Chastalo.

Pouco mais de um ano depois, em 2 de março de 2019, foi a vez de Lula ser escoltado, também com aparato cinematográfico, sem, no entanto, correntes ou algemas. Ele deixou a Superintendência da PF em Curitiba, onde estava preso, para ir ao enterro do neto Arthur Araújo Lula da Silva, vítima de meningite aos 7 anos. Um dos agentes de escolta, Danilo Campetti, usava um colete à prova de balas com a logomarca da Special Weapons and Tactics, a Swat americana.

O ex-presidente ficou custodiado em uma sala por 580 dias, até 8 de novembro de 2019. Foi solto com a decisão do Supremo de impedir prisões antes do julgamento em última instância. E quem ganhou notoriedade com a soltura de Lula foi Jorge Chastalo, o substituto do Japonês da Federal. Ele escoltou o ex-presidente na saída de Curitiba e foi apelidado nas redes sociais de Rodrigo Hilbert da Federal, numa alusão ao ator e apresentador. O agente disse que escreveria um livro sobre os dias em que administrou a custódia do ex-presidente.

O cinema também contribuiu para a imagem da Federal. A instituição foi destaque no filme "Polícia Federal: a lei é para todos", dirigido por Marcelo Antunez, baseado no livro homônimo de Carlos Graieb e Ana Maria Santos, lançado em 2017 pela Editora Record. O longa levou 1,36 milhão de espectadores aos cinemas, número considerado bom. Entretanto, por não revelar os nomes de seus patrocinadores, despertou a desconfiança de ter tido cunho político. Outra produção sobre os bastidores da Lava Jato foi "O mecanismo", série dirigida por José Padilha, Felipe Prado e Marcos Prado, e exibida em duas temporadas na Netflix.

Uma pesquisa inédita do serviço do Disque Denúncia do Rio, feita pela empresa Mood Pesquisa e Estratégia, apresentou a percepção dos cariocas sobre a Polícia Federal em 2017. Segundo o estudo, a Operação Lava Jato apenas impulsionou uma imagem que já era positiva. No universo de 634 entrevistados, os nomes das operações também despertaram a curiosidade sobre os policiais, que têm maiores salários, são mais organizados e, por isso, estão em nível muito acima dos integrantes das demais instituições voltadas para a segurança. Na pesquisa os federais aparecem associados a resultados e notícias positivas.

Na verdade, o saldo positivo se sobrepõe em muito à parte ruim. Deixando o senso comum de lado, a gestão de François René entre 2003 e 2007 mostra a importância da transparência. Diante da grande quantidade de boas notícias sobre a Polícia Federal, as negativas não afetam o legado do marketing institucional. Em 2005, a equipe de assessores de imprensa recebeu 63 mil e-mails e realizou mais de 26 mil atendimentos a veículos. A PF postou 1.485 notas ou releases no site da instituição. A imprensa publicou 64% de notícias com teor positivo e 21% com aspecto neutro. Somente 15% das matérias veiculadas tiveram viés negativo.

– Se você não tem uma fonte oficial, vai ter sempre a oficiosa. Se você não tem informação de qualidade, sempre vai ter o boato. Não existe vácuo em comunicação. Se você não ocupar o espaço, alguém ocupará. Então, que ele fosse preferencialmente ocupado por uma ação institucional – justifica René.

A construção da marca Polícia Federal deu os primeiros frutos ainda em 2004, quando o Prêmio Faz Diferença, do jornal "O Globo", elegeu o diretor-geral Paulo Lacerda um dos nomes do ano. A premiação reconhece o esforço de quem trabalha para melhorar a vida no Brasil. Em 2007, a pesquisa do Ibope/Nova SB entrevistou 1.400 pessoas e 69% apontaram a Federal como a instituição de maior credibilidade no país. Um índice ainda mais elevado apareceria no mesmo ano na pesquisa da Associação dos Magistrados do Brasil: 75,5% de confiança, superando a própria Justiça e o Exército.

Em outra pesquisa do Ibope, sobre o índice de confiança nas instituições brasileiras, realizada desde 2009, a Polícia Federal entrou na disputa a partir de 2016 e já na terceira colocação, ficando atrás das igrejas e do Corpo de Bombeiros. Nos dois anos seguintes permaneceu no terceiro lugar. Em 2019, subiu para a segunda colocação, superando as igrejas.

POSFÁCIO

A história recente da Polícia Federal precisava ser contada com o foco na gestão corporativa. A instituição é uma ilha de excelência num mar de serviços públicos mal avaliados pela população. A transformação da Federal, a partir da virada do século, prova que a vontade política é fundamental para se mudar uma realidade.

O ideal seria não incluir política, no sentido depreciativo, ao tratar de governança em uma agência pública, mas ainda é inevitável fazê-lo em um país em que a democracia é jovem. A interferência política sofreu resistência de integrantes da instituição nas duas últimas décadas. E na maioria dos casos, a Federal superou obstáculos e alcançou objetivos e metas traçados. Independentemente de governo ou corrente ideológica, os próprios policiais participam do controle e da liderança da instituição a que estão subordinados e melhor conhecem. Foi assim que a Polícia Federal se transformou em referência.

A Operação Lava Jato alcançou o ineditismo de investigar e prender gente com foro privilegiado, uma decorrência da nova função investigativa dos procuradores e pela expertise da PF aprimorada muito antes da descoberta da corrupção na Petrobras. A mesma arquitetura criminosa fora identificada desde a redemocratização. Banqueiros, empresários e políticos exploravam os recursos públicos para benefício privado e manutenção de poder, uma cultura nefasta e secular.

A vocação da Polícia Federal é democrática. Os principais investigadores do Caso PC Farias se tornariam os comandantes da instituição do século 21. Respeitando leis, mesmo ultrapassadas, a Federal foi aprimorando as formas de investigar, criando doutrinas para combater a criminalidade organizada e incrustada nas instituições. A repercussão do trabalho investigativo, alguns sem resultados efetivos na Justiça, teve consequências. A principal delas foi expor a criminalidade institucionalizada.

O trabalho policial pressionou políticos a se movimentarem para atualizar leis e torná-las mais compatíveis com a sofisticação do mundo do crime. Dessa forma, metodologias de investigação e o reforço de uma legislação adequada possibilitaram resultados como os alcançados pela Lava Jato.

A conjuntura internacional é outra variável que ajuda a política de um país a avançar. O salto de qualidade da Polícia Federal começou no governo Fernando Henrique Cardoso, com a reforma gerencial do Estado. A Federal aplicou ferramentas de gestão e privilegiou o conhecimento, agregou os saberes dos seus integrantes e transformou o uso da força em ciência policial. Intercâmbios com instituições estrangeiras e a construção de uma doutrina própria baseada nas experiências domésticas permitiram um avanço qualitativo.

Processos de gestão e de investigação inovaram no combate à criminalidade. A luta contra a corrupção começou expurgando os corruptos da própria corporação. A partir de diagnósticos, planos estratégicos, execução das ações projetadas, acompanhamento e avaliação das metas e objetivos, surgiu o modelo de uma polícia eficaz e efetiva. Colocadas em prática no governo Lula, com maior contundência sob a proteção do ministro da Justiça Márcio Thomaz Bastos, as ferramentas de planejamento favoreceram uma gestão profissional com legados para a instituição, para o sistema penitenciário e para a segurança pública.

A melhor política de Thomaz Bastos foi a de não permitir intromissões e conceder carta branca e independência à Polícia Federal. Após sua saída, a troca na gestão demonstrou como o sistema pode mudar a política em um mesmo governo. Pressões externas e internas diminuíram o ímpeto das operações.

Quando Lula foi solto, em novembro de 2019, seu assessor de imprensa, José Crispiniano, disse que o presidente estava sem agenda para uma entrevista para este livro. O objetivo principal era saber por que o ex-presidente cedera às pressões para substituir Paulo Lacerda. Após negativas até o início de 2020, foi pedido um posicionamento, mesmo que por e-mail. As perguntas foram enviadas. Com a demora para ter as respostas, e uma nova cobrança, o assessor enfim disse que Lula não responderia às perguntas.

Parte dos policiais federais reconhece que a consolidação da PF foi no governo Lula. Contudo, outra parte se tornou antipetista. Dois policiais federais que vivenciaram as mudanças na virada do século e ainda estão na ativa opinaram sobre essa contradição. O primeiro fez uma análise socioeconômica: desde o fim dos anos 90, a exigência do nível superior, os bons salários e a melhora na imagem da corporação atraíram gente da classe média alta para os quadros da PF. E eles trouxeram um repertório político com certo preconceito às classes sociais inferiores, público-alvo do PT. O segundo policial federal usou uma ilustração: Lula pegou um pitbull abandonado, cuidou dele e o alimentou. Assim que o pitbull ficou bem, deixou de alimentá-lo como antes. O cão feroz se virou contra o próprio dono e o atacou.

No entanto, mais importante do que se orgulhar de resultados momentâneos, o objetivo principal de uma gestão em uma instituição pública é o legado: mudanças que gerem resultados positivos e duradouros. Independentemente de troca e pressão de governos, o legado são as chamadas políticas permanentes de Estado. O *case* da Polícia Federal é o melhor exemplo disso. A boa reputação é fruto de um trabalho de comunicação institucional eficiente. Mas o marketing de uma agência pública não prospera sem a qualidade dos serviços prestados.

A força da Federal em resistir às intromissões políticas veio do apoio popular. A verdadeira opinião pública é baseada em informações especializadas e debate maduro. Cada cidadão deve conhecer as instituições prestadoras de serviço, sua função e os resultados com os recursos públicos aplicados. A Polícia Federal conseguiu mudar sua imagem informando a população com transparência.

Muito ainda há para se fazer, inclusive nesse papel que assumiu de protagonismo e liderança na segurança pública. O tema ingresso e carreira única deve ser debatido. E isso não passa por questionar a competência dos delegados. Afinal, foram eles que implementaram a transformação da Federal. Por outro lado, desprezar a qualidade dos profissionais de outros cargos é, no mínimo, contraproducente e contraria experiências bem-sucedidas nas gestões de órgãos públicos ou privados mundo afora.

Apesar de vaidades e disputas, os policiais demonstraram em momentos críticos que a instituição está acima de interesses individuais ou político-partidários. O engajamento corporativo tem resistido, até aqui, a interferências externas.

O reconhecimento aos protagonistas da transformação da Polícia Federal não é apenas uma questão de justiça aos que enfrentaram os desafios de leis ultrapassadas, ingerências políticas e decisões judiciais duvidosas. Reconhecer quem trabalhou duro pelas mudanças é um estímulo e uma inspiração aos policiais de hoje para que encarem os desafios que se renovam com a evolução incessante da criminalidade.

E que o exemplo da Polícia Federal seja seguido pelos demais órgãos públicos. A Federal provou que uma instituição pode alcançar a excelência apesar das dificuldades comuns ao sistema político brasileiro. Seguir modelos bem-sucedidos não é demérito, mas uma oportunidade de alcançar bons resultados sem desperdiçar tempo e dinheiro com tentativas equivocadas.

Fatos que marcaram a transformação da Polícia Federal

- 28/03/**1944** Criação do Departamento Federal de Segurança Pública (DFSP)
- 25/02/**1967** DFSP se torna Departamento de Polícia Federal
- 04/07/**1983** Caso Lara Loffler
- 23/10/**1983** Operação Cosa Nostra
- **1983/84** Operações Frederico I, II e III
- 10/02/**1988** Operação Mosaico
- 05/10/**1988** Nova Constituição: valorização da PF e fim dos censores
- 25/05/**1992** Caso PC Farias
- 25/04/**1994** Greve da Polícia Federal (64 dias de paralisação)
- 28/08/**1994** Criação das delegacias especializadas
- 03/05/**1995** Lei de Combate ao Crime Organizado
- 24/07/**1996** Lei de monitoramento telefônico, voz, dados e documentos
- 30/01/**1998** Acordo Pró-Amazônia / Promotec
- 03/03/**1998** Lei da Lavagem de Dinheiro e criação do Conselho de Controle de Atividades Financeiras (Coaf)
- 12/**1999** Conclusão do primeiro Planejamento Estratégico Plurianual
- 07/09/**2002** Tortura e morte na sede da PF do Rio de Janeiro

- 20/09/**2002** Primeira megaoperação – Operação Vassourinha
- 01/**2003** Criação das diretorias para realização das megaoperações
- 03/**2003** Reformulação da Divisão de Comunicação Social
- 13/03/**2003** Operação Sucuri
- 30/10/**2003** Operação Anaconda (prisão do juiz João Carlos da Rocha Matos)
- 11/**2003** Missão Suporte
- 09/03/**2004** Greve da Polícia Federal (segunda grande paralisação, 59 dias)
- 23/06/**2006** Inauguração da Penitenciária Federal de Catanduvas
- 04/08/**2006** Operação Dominó, auge das megaoperações
- 17/05/**2007** Operação Navalha
- 08/07/**2008** Operação Satiagraha
- 25/03/**2009** Operação Castelo de Areia
- 04/06/**2010** Lei da Ficha Limpa
- 01/08/**2011** Criação da Secretaria Extraordinária de Segurança para Grandes Eventos
- 28/05/**2012** Lei de Coleta de Perfil Genético (DNA) para identificação criminal
- 09/07/**2012** Atualização da Lei da Lavagem de Dinheiro
- 02/08/**2012** Início do julgamento do Mensalão
- 01/08/**2013** Lei da Empresa Limpa (Anticorrupção)
- 02/08/**2013** Atualização da Lei Contra Organizações Criminosas (nova colaboração premiada)
- 17/03/**2014** Operação Lava Jato
- 14/05/**2015** STF garante poder de investigação ao Ministério Público
- 19/06/**2015** Operação Erga Omnes
- 25/11/**2015** Prisão inédita de um líder do governo no Senado (Delcídio do Amaral)
- 05/05/**2016** Presidente da Câmara dos Deputados, Eduardo Cunha, é afastado pelo STF
- 21/07/**2016** Operação Hashtag
- 17/11/**2016** Operação Calicute

- 02/08/**2017** Câmara suspende denúncia de corrupção contra o presidente Michel Temer
- 22/03/**2018** Serviço de Inquéritos Especiais é formalizado (STF e STJ)
- 02/01/**2019** Delegados da Lava Jato assumem cargos no Ministério da Justiça e Segurança Pública e o comando da PF
- 15/08/**2019** Jair Bolsonaro anuncia troca no comando da PF no Rio, alegando falta de produtividade. Diretor-geral desmente o presidente
- 24/04/**2020** Sergio Moro acusa Bolsonaro de interferir na PF e pede demissão
- 27/04/**2020** STF abre inquérito para apurar suspeita de interferência do presidente da República em investigações da PF

Diretores-gerais da PF desde a redemocratização até 2020

- 29/01/1986 Romeu Tuma
- 29/04/1992 Amaury Aparecido Galdino
- 09/07/1993 Wilson Brandi Romão
- 15/02/1995 Vicente Chelotti
- 05/03/1999 Wantuir Francisco Brasil Jacini
- 15/06/1999 João Batista Campelo
- 24/06/1999 Agílio Monteiro Filho
- 03/04/2002 Itanor Neves Carneiro
- 18/07/2002 Armando de Assis Possa
- 08/01/2003 Paulo Lacerda
- 03/09/2007 Luiz Fernando Corrêa
- 11/01/2011 Leandro Daiello Coimbra
- 09/11/2017 Fernando Queiroz Segovia Oliveira
- 02/03/2018 Rogério Augusto Vianna Galloro
- 02/01/2019 Maurício Leite Valeixo
- 04/05/2020 Rolando Alexandre de Souza

AGRADECIMENTOS

A Deus, pela vocação de contar histórias e informar.

Pela parceria na vida, a Andréia, que desde a faculdade me apoia no prazer de escrever. Rafael e Izabel, por existirem.

A Ivone, por forjar em mim o desejo pela verdade e justiça.

A Ivo (in memoriam), por ter me despertado a paixão pelos livros. Ele resgatou um no lixo e leu sem parar. Depois que acabou, fiz o mesmo.

A Ilana Polistchuck, minha eterna orientadora.

Aos colaboradores, que leram os originais, Jorge Antônio Barros, José Paulo de Morais, Jéssica Rocha e Valéria Vieira. Obrigado pelas opiniões, sugestões e críticas.

Por fim, aos editores Bruno Thys e Luiz André Alzer. Pela oportunidade e pelas aulas.

REFERÊNCIAS

ARANTES, Rogério Bastos. *Polícia federal e construção institucional.* In: Leonardo Avritzer; Fernando Filgueiras. (Org.) *Corrupção e sistema político no Brasil.* 1 ed. Rio de Janeiro: Civilização Brasileira, 2011, p. 99-132.

ARAÚJO, Sandro. *Federal: uma história de polícia.* Niterói: Nitpress, 2010.

LIMA, Marilane Bittencourt de Freitas; SOARES, Dulce Helena Penna Soares (Orgs.) *Policial federal: retratos de vida e carreira.* Curitiba/PR: CRV, 2014.

PAULA, Ana Paula Paes de. *Por uma nova gestão pública: limites e potencialidades da experiência contemporânea.* Rio de Janeiro: Editora FGV, 2005.

PONTES, Jorge; ANSELMO, Márcio. *Crime.gov: quando a corrupção e o governo se misturam.* 1ª Ed. Rio de Janeiro: Objetiva: 2019.

SANTOS, Célio Jacinto dos. *A gênese das grandes operações investigativas da Polícia Federal.* Revista Brasileira de Ciências Policiais. Brasília, v. 8, p. 11-68, jul./dez. 2017.

VALENTE, Rubens. *Operação banqueiro: As provas secretas do caso Satiagraha.* São Paulo: Geração Editorial, 2013.

FONTES CONSULTADAS

Abraji; Academia Brasileira de Letras; Agência Brasil; A Noite Ilustrada; A Última Hora; BBC Brasil; Câmara dos Deputados; Carta Capital; Congresso em Foco; Consultor Jurídico; Correio Braziliense; Diário do Grande ABC; Departamento de Polícia Federal; Deutsche Welle; Dourados News; El País; Época; Estado de São Paulo; Exame; Extra; Federal Bureau of Investigation; Fenapef; Folha de São Paulo; Folha Dirigida; Fundação Getúlio Vargas; Garotinho, blog; Gazeta do Povo; G1; Huff Post Brasil; Instituto Brasileiro de Ciências Criminais; Instituto Brasileiro Giovanni Falcone; IstoÉ; JC Concursos; Jornal do Brasil; Jus Brasil; Manchete; Marcelo Auler, blog; Metrópoles; Ministério do Meio Ambiente; Ministério da Justiça; Ministério Público Federal; Museu Histórico de

Anápolis; O Antagonista; O Dia; O Globo; Piauí; Polícia Civil do Espírito Santo; Prêmio Innovare; Prisma; Quatro Rodas; Roda Viva; R7; Sindpoldf; Sinpef/ms; Sinpefrs; Só Notícias; Sul 21; Superinteressante; Supremo Tribunal Federal; Terra; The Intercept; Tribuna do Paraná; UOL Notícias; Veja; Yahoo Notícias.

OUTRAS FONTES

Edinir dos Santos do Nascimento, Eliel Teixeira, Gladiston Alves, Marco Scandiuzzi e Marcos David Salem.

Este livro foi diagramado por Mariana Erthal (www.eehdesign.com) e utilizou as fontes Miller Text, Impact e Benton Sans. A impressão foi feita em papel Pólen 70g na Gráfica Exklusiva, em dezembro de 2020, quando a frase "acordar com o japonês da Federal na porta de casa" já fazia parte do anedotário nacional.